Nikolaus Mutschlechner, Ein Arzt wählt Gott

Frater Dr. Richard Pampuri

* 2. 8. 1897 † 1. 5. 1930

„Gott ruft uns zum Glück, zum Frieden in diesem Leben, wenn wir uns seiner barmherzigen Vorsehung anvertrauen."

EIN ARZT WÄHLT GOTT

DER HEILIGE FRATER RICHARD PAMPURI
AUS DEM ORDEN DER BARMHERZIGEN BRÜDER

EIN LEBENSBILD

von Nikolaus Mutschlechner

Johann von Gott Verlag, München
2. Auflage 1998

Mit kirchlicher Druckerlaubnis
München, 15. 10. 1990 GV Nr. 7293/90/1a
Dr. Gerhard Gruber, Generalvikar

Herausgeber: Provinzialat des Ordens der Barmherzigen Brüder in Bayern
Südliches Schloßrondell 5, 80638 München

ISBN 3-929849-15-1

Umschlag: Alpha Studio Peter Löffler Regensburg

Lithos: Puhane-Kreiner, Neustadt a. d. Waldnaab

Druck: H. Marquardt, Prinzenweg 11 a, Regensburg

Inhaltsverzeichnis

Vorwort 6

Einleitung 8

Herkunft, Elternhaus und frühe Kindheit 11

Bei Onkel Carlo und Tante Maria in Torrino . . . 13

Schüler und Student in Pavia 16

Auf der Universität 19

Im Krieg 21

Die Promotion zum Doktor 26

Landarzt in Morimondo 33

Im Orden der Barmherzigen Brüder 49

Krankheit und Tod 60

Wirkung 65

Geistiges, ethisches und spirituelles Profil 72

Zeittafel 85

Bibliographie 87

Vorwort

Ein Jahr nach dem Erscheinen der Broschüre „Sein Beispiel leuchtet" legt unsere Ordensprovinz eine neue und ausführliche Biographie über den am 1. November 1989 heiliggesprochenen Frater Dr. Richard Pampuri vor. Damit soll das Ordensleben und der selbstlose ärztliche Dienst dieses Barmherzigen Bruders im deutschen Sprachraum noch mehr bekannt gemacht werden.

Nikolaus Mutschlechner, ein langjähriger und engagierter Mitarbeiter unserer Generalkurie in Rom, hat dazu umfangreiches Material in den Archiven der Generalpostulatur in Rom gesichtet. Er studierte vor allem die Briefe des Heiligen an seine Schwester Longina, die in der Mission in Ägypten tätig war. Wir erkennen darin das Bild eines Menschen, der sich wie unser Ordensstifter, der heilige Johannes von Gott, auf das Abenteuer mit Gott einließ und den Weg der engeren Nachfolge wählte.

„Das ist der Wille Gottes, eure Heiligung" (1. Thess. 4,3) – dieses Pauluswort gab dem Leben von Frater Richard Inhalt und Ziel. Er versuchte, beschauliches und tätiges Leben in seinem Alltag zu verbinden, indem er schlicht ein betender und dienender Mensch war. Als Arzt und später als Ordenschrist bemühte er sich, den Mitmenschen als Einheit von Leib, Geist und Seele zu erkennen und zu behandeln. Das Heilen der Patienten war für ihn nicht ausschließlich das Kurieren bestimmter Krankheitssymptome, sondern ein wirkliches und intensives Eingehen auch auf ihre seelischen Nöte und Bedürfnisse, ihre Sehnsucht nach „Heil", das nur Gott schenken kann.

In seiner persönlichen ausweglosen Krankheit stellte er sich der Mahnung des Apostels Paulus an die Kolosser (Kol. 1, 24): „Die Heiligen ergänzen in ihrem Leiden für die Brüder und den Leib der Kirche, was an den Leiden Christi fehlt". Er willigte nicht nur klaglos in seinen frühen Tod ein, sondern bekräftigte diese Haltung noch einen Tag vor seinem Sterben gegenüber seinem Neffen: „Ich bin glücklich, wenn ich heimgehen darf ..."

Wir leben heute in einem Umfeld, das von Konsumdenken, von religiöser Gleichgültigkeit und Kirchenferne gekennzeichnet ist. Der heilige Richard kann uns durch seine große Liebe zu Gott und den Menschen nachahmenswertes Vorbild sein, daß wir das eine Notwendige nicht aus dem Auge verlieren: „Das ist der Wille Gottes, eure Heiligung". Sie vollzieht sich dann, wenn jeder von uns an seinem Platz ein glaubwürdiges Zeugnis seines Christseins gibt.

Ich wünsche dieser Biographie einen großen Leserkreis, dem das Beispiel des heiligen Richard zum Denkanstoß für eigenes Tun wird. Den Kranken will das Büchlein helfen, ihre Schmerzen, ihr Leid, die Gefühle der Ausweglosigkeit, des Ausgesetztseins und der Bedrängnis im Vertrauen auf Gott durchzustehen und zu ertragen. Jungen Menschen möchte es Wegweiser dazu sein, den Willen Gottes und ihre Berufung zu erkennen.

München, 8. Dezember 1990   Fr. Bernhard Binder
                                                        Provinzial

Einleitung

Am 1. November 1989 wurde in Rom von Papst Johannes Paul II. der Arzt und Barmherzige Bruder Frater Richard Pampuri heiliggesprochen. Zur Heiligsprechung, die bei strahlendem Wetter auf dem Petersplatz stattfand, war eine unübersehbare Menge von Pilgern aus aller Welt zusammengeströmt. Was an dieser Menschenmenge besonders beeindruckte, war nicht so sehr die Vielfalt der Sprachen, Rassen und Länder, als vielmehr das bunte Durcheinander der Altersklassen und Berufsstände, die darin vertreten waren: Kinder, Jugendliche, Erwachsene und Alte, Pädagogen, Ärzte und Verwaltungsfachleute, Krankenschwestern, Krankenpfleger und Sozialassistenten; selbst eine Gruppe von Soldaten mischte sich unter die große Schar von Ordensleuten und Priestern um den Altar, auf dem der Heilige Vater das Meßopfer feierte und Frater Richard in die Gemeinschaft der Heiligen einreihte. Nichts hätte die ungebrochene Ausstrahlung des neuen Heiligen besser zum Ausdruck bringen können als diese vielgestaltige Menschenmenge, war sie doch ein getreues Spiegelbild der Lebens- und Wirkungsbereiche, die das kurze Erdendasein von Frater Richard bestimmt haben. Schon zu Lebzeiten brachte man dem neuen Heiligen große Verehrung entgegen. Das will aber nicht heißen, daß sein Weg von Anfang an geebnet war. Im Gegenteil. Er hatte viele Kämpfe und innere Auseinandersetzungen durchzustehen, bevor er seinen Weg fand. Ein eindrucksvolles Zeugnis davon geben die 66 Briefe, die er zuerst zögernd, dann immer regelmäßiger an seine Schwester Maria Longina, die in Ägypten als Ordensfrau tätig war, geschrieben hat. Auf diese Briefe wird im folgenden immer wieder Bezug genommen, weil sie – neben einigen wenigen anderen – die einzige handschriftliche Quelle zum Verständnis von Leben und Werk des Menschen, Arztes und Ordensmannes Richard Pampuri darstellen. Im übrigen werden wir uns auf die vielen mündlichen Überlieferungen stützen, die sofort nach dem frühen Tod von Frater Richard gesammelt wurden und nach und nach in verschiedenen Schriften und Büchern ihren Niederschlag gefunden haben.

Bei der Beschäftigung mit dem Leben eines Heiligen stellt sich zwangsläufig die Frage: Was hatte dieser Mensch so besonderes an sich, daß er von der Kirche zur Ehre der Altäre emporgehoben und in das Verzeichnis der Heiligen aufgenommen wurde? Es wäre absurd und sicher auch anmaßend, auf diese Frage eine eindeutige und erschöpfende Antwort geben zu wollen. Trotzdem möchte ich mir erlauben, in dieser kurzen Einleitung einen Aspekt aus dem Leben des heiligen Richard herauszugreifen, den ich ohne Zögern den Kernaspekt seiner Heiligkeit zu nennen wage. Ich meine damit sein bedingungsloses, ständiges und inniges „In-, Für- und Mit-Gott-Sein". Gott war für ihn, wie wir im folgenden sehen werden, keine fremde, unzugängliche und unerreichbare Wesenheit, sondern eine ganz konkrete Realität, die für den Menschen überall und jederzeit erfahrbar ist. Die Suche nach dieser lebendigen Gotterfahrung bestimmt zeitlebens, bald bewußt, bald unbewußt, sein Denken, Fühlen und Handeln, bis sie ihm schließlich zur einzigen Lebensaufgabe wird. Auf dem Hintergrund dieser Erfahrung wächst das Kind Erminio Filippo (so hieß der Heilige im bürgerlichen Leben) heran, bildet sich der junge Student zum Arzt aus, wirkt der „Doktor" unter seinen Leuten und findet schließlich der Ordensmann seinen endgültigen Weg zu Gott.

„In den Augen Gottes wachsen, soll mein Lebensprogramm lauten", schrieb der 31jährige an seine Schwester in Ägypten, kurz nachdem er die Ordensgelübde abgelegt hatte. Zwei Jahre sollten ihm noch bleiben, um an dieser Aufgabe zu arbeiten. Dann gefiel es dem Herrn über Leben und Tod, Frater Richard zu sich zu rufen. Vielleicht hat sein früher Tod aber nicht unwesentlich dazu beigetragen, den Menschen die Augen für das Werk zu öffnen, das Gott an diesem Arzt im Ordenskleid vollbringen wollte. Sein Beruf, der schon zu Lebzeiten außergewöhnliche Ausmaße angenommen hatte, wuchs nach seinem Tod beständig an und drang alsbald über die Grenzen seines kleinen Schaffenskreises in der Lombardei nach ganz Italien und auch ins Ausland.

Heute, 60 Jahre nach seinem Dahinscheiden, wenden sich immer mehr kranke Menschen in Not vertrauensvoll an diesen echten Arzt Christi, damit er sich vor Gott zum Fürsprecher ihrer Anliegen macht. Er, der an sich selbst in schmerzlicher Weise Krankheit und Leid erfuhr, beweist im Himmel dieselbe liebevolle Teilnahme an ihrem Schicksal, die er auf Erden auf so einzigartige Weise in tätige Hilfe umzusetzen wußte. Deshalb ist dieses Buch vor allem den Kranken gewidmet. Seine Lektüre ist aber auch für all jene geeignet, die im Dienst des kranken Menschen stehen und in der geistigen und ethischen Einstellung dieses mutigen Arztes eine Reihe von wertvollen Anregungen für die eigene Tätigkeit finden können. Nicht zuletzt bietet es sich in ganz besonderer Weise dem engagierten Ordenschristen und jungen Menschen auf dem Weg der Selbstfindung als Hilfe zur Betrachtung und Vertiefung des eigenen Christseins an.

Herkunft, Elternhaus und frühe Kindheit

In der Tiefebene, die sich zwischen Mailand und Pavia am linken Ufer des Tessin entlangzieht, liegen eine Vielzahl von verstreuten Dörfern und Gehöften, die teilweise auf eine lange Geschichte zurückblicken können. In einem dieser Dörfer, Trivolzio genannt, kam Erminio Filippo Pampuri, der spätere Frater Richard, am 2. August 1897 zur Welt. Seine Eltern Angela und Innocente Pampuri führten dort eine Gastwirtschaft. Sie hatten 1880 geheiratet und, bevor sie nach Trivolzio zogen, zehn Jahre lang in Mailand gelebt, wo der Vater eine Weinhandlung eröffnet hatte. In der lombardischen Hauptstadt erblickten nach und nach die ersten sieben Kinder der Pampuris das Licht der Welt. Drei davon starben noch im zarten Kindesalter. Achille, der Viertälteste, fiel 1916 im Ersten Weltkrieg.

Das Geschäft in der Weinhandlung ging nicht sehr gut und die Familie zog nach Trivolzio. Hier schenkte das Ehepaar weiteren drei Kindern das Leben: Rita, Giuseppe (der ebenfalls bald vom Tod hinweggerafft werden sollte) und Erminio Filippo, unserem Frater Richard. Doch schon bald zog es den Vater erneut in die Großstadt. So übersiedelte die Familie nach einem kurzen Aufenthalt in Casorate Primo wieder nach Mailand. Hier wurde das letzte Kind, Pietro mit Namen, geboren. Es starb jedoch schon bald nach der Geburt.

In der Zwischenzeit war die Mutter schwer an Tuberkulose erkrankt, der sie am 25. März 1900 erlag. Der kleine Richard kam darauf vorübergehend zu einer Kusine der Mutter nach Moncuzzo, wo er jedoch nicht sehr lange blieb.

Sein zukünftiges Heim sollte er bei den unverheirateten Geschwistern seiner Mutter in Torrino finden, wo bereits mehrere seiner Brüder und Schwestern liebevoll aufgenommen worden waren. Von diesem Zeitpunkt an verlieren sich die Spuren des Vaters, von dem wir nur wissen, daß er in Mailand blieb, wo er im Juli 1907 das Opfer eines Verkehrsunfalles wurde.

Welche Spuren diese ersten Kindheitserlebnisse in der Seele des kleinen Richard hinterlassen haben, läßt sich schwer sagen. Ohne eine tiefenpsychologische Untersuchung anstrengen zu wollen, kann jedoch mit Sicherheit davon ausgegangen werden, daß der frühe Tod der Mutter und das abrupte Herausgerissenwerden aus der gewohnten Familienatmosphäre einen nachhaltigen Einfluß auf die Persönlichkeitsbildung des späteren Frater Richard ausgeübt haben. Zum Glück begegnete das Kind in dieser schweren Situation der Güte und Solidarität seiner näheren Verwandtschaft.

Diese doppelte Erfahrung – auf der einen Seite der schmerzliche Verlust des Elternhauses, auf der anderen Seite der Trost und die tätige Hilfe seiner Angehörigen – hat sicher nicht unwesentlich dazu beigetragen, in dem Kind eine besondere Sensibilität für die Hilfsbedürftigkeit des Menschen und seine Abhängigkeit von höheren Gesetzen auszubilden. Auf diesem Boden reift sein späteres christliches Ethos und der tiefe Glaube an Gott heran.

Bei Onkel Carlo und Tante Maria in Torrino

Der Name Torrino geht wahrscheinlich auf einen antiken Turm (Turm nennt sich im italienischen Torre) zurück. Auf den Resten dieses Turmes stand das Elternhaus der Mutter des Heiligen. Deren Großvater, Antonio Campari, hatte sich hier 1830 als Landpächter niedergelassen. Ihrem Vater Giovanni gelang es dann um 1890, das Gehöft und umliegende Landgut in seinen Besitz zu bringen.

Als der dreijährige Richard kurz nach dem Tod seiner Mutter in das Haus der Großeltern kommt, leben dort, außer dem verwitweten Großvater, der jüngere Bruder und die jüngere Schwester der Mutter, ein Großonkel und die Haushälterin Carolina. Eine bestimmte Zeit lang wohnen dort auch, Genaueres darüber ist uns leider nicht bekannt, einige Geschwister des Heiligen.

In dem Haus herrscht ein gemessener Wohlstand, vor allem aber eine große Gottesfurcht. Tante Maria, die 32 Jahre alt ist, als das verwaiste Kind ins Haus kommt, ist eine gewissenhafte und umsichtige Frau. Onkel Carlo, ihr um ein Jahr jüngerer Bruder, ist Doktor der Medizin, kann seiner ärztlichen Tätigkeit jedoch nur in beschränktem Maße nachgehen, weil er sich mit dem fortschreitenden Alter des Großvaters immer mehr um die Arbeiten auf Hof und Feld kümmern muß. Am Eingang des Hauses bleibt jedoch ein Raum als Arztstube erhalten, wo der Onkel Doktor, wie er vom kleinen Richard ehrfurchtsvoll genannt wird, die Erstversorgung bei dringenden Fällen übernimmt, aber sich vor allem der kleinen und armen Leute annimmt. In einer Ecke des Zimmers stand stets eine Sparbüchse, deren Inhalt den Missionen zugedacht war. Auf sie wies der Onkel Doktor jedesmal hin, wenn ein Patient fragte, was er schulde.

Onkel Carlo kann zweifelsohne der geistige Vater von Frater Richard genannt werden. Diese geistige Vaterschaft fand später in doppelter Hinsicht ihren Ausdruck: Einmal ergriff der Heilige wie sein Onkel den Arztberuf, zum anderen eiferte er ihm in der Vervollkommnung seines religiösen Lebens nach. Onkel Carlo war nämlich, wie übrigens alle Mitglieder des Hauses, ein äußerst frommer Mann, der die Kirche, wo und wie immer es ihm möglich war, tatkräftig unterstützte. Von der Familie Campari wurden so z.b., wie aus einer Aufzeichnung hervorgeht, die gesamten Kosten für die Restaurierung der Kirche von Torrino übernommen. Von der Hilfe für die Missionen haben wir bereits gehört. So kann es auch nicht verwundern, daß Dr. Carlo Campari am 16. Januar 1932 von Papst Pius XI. als Auszeichnung „für seinen Glauben an Gott und seine Taten der Nächstenliebe", wie es in der von Kardinal Pacelli unterzeichneten Urkunde heißt, in den Stand eines Ordensritters vom heiligen Silvester erhoben wurde.

Eine andere wichtige Bezugsperson für den heranwachsenden Richard ist die Haushälterin Carolina Besan. Sie war 57 Jahre alt, als das dreijährige Kind nach Torrino kam, und stand damals bereits seit über 30 Jahren in den Diensten der Familie Campari, von der sie als ihresgleichen betrachtet und behandelt wurde. Sie wurde dem Kleinen, gemeinsam mit Tante Maria, zu einer zweiten Mutter. Während Onkel Carlo und Tante Maria insbesondere den schulischen, geistigen und religiösen Fortgang des Kindes überwachten, war Carolina für den kleinen Richard Zufluchtsort in all seinen kleinen Nöten und Sorgen. Auch zum Großvater und Großonkel hegte das Kind großes Vertrauen.

Nach den nicht immer frohen Ereignissen der ersten Lebensjahre erfährt Richard in der Umgebung von Torrino echte familiäre Wärme und Geborgenheit. Getragen und angeregt durch den Rückhalt seiner neuen Familie, ist es ihm ein leichtes, die Grundschule, die er teils in Trovo, teils in Casorate Primo (Torrino hatte keine eigene Schule, dazu war es zu klein) besucht, mit Erfolg abzuschließen. Dafür bleibt er diesem Personenkreis sein ganzes Leben lang dankbar. Doch die Leere, die durch den Tod der Mutter und den Zusammenbruch seiner Familie entstanden war, konnten auch sie sicher nicht restlos ausfüllen. Im Grunde seiner Seele hat sich so wohl unlösbar das Bewußtsein der eigenen, menschlichen Einsamkeit festgegraben, ist aber zugleich die Empfänglichkeit für Gott als den Schöpfer aller Dinge gewachsen.

Schüler und Student in Pavia

Nach dem Abschluß der Volksschule wird der Zehnjährige vorübergehend seinen größeren Geschwistern anvertraut, die sich inzwischen selbständig gemacht haben und in Mailand zusammen in einer Wohnung leben. Für den Unterhalt der Geschwister sorgt mit der Hilfe des Onkels und der Tante der 25jährige Ferdinando, der in einer mailändischen Fabrik arbeitet. In dieser Zeit hat Richard Gelegenheit, seine damals nicht ganz zwanzigjährige Schwester Marie besser kennenzulernen, die sich gerade auf den Eintritt in die Ordensgemeinschaft der Missionsfranziskanerinnen vorbereitet. Diese Begegnung wird auf die weitere Entwicklung seines Lebens einen maßgeblichen Einfluß ausüben. Mariechen, wie er sie später liebevoll in seinen Briefen nennt, legt am 16. April 1912 die Ordensgelübde ab und nimmt den Namen Longina an. Ihr zukünftiges Tätigkeitsfeld liegt in Kairo in Ägypten, wo sie einen Großteil ihres Lebens verbringen wird.

Während seines kurzen Aufenthaltes in Mailand macht der heranwachsende Richard jedoch auch eine bittere Erfahrung. Da die älteren Geschwister verständlicherweise ganz mit dem eigenen Fortkommen beschäftigt sind, bleibt der Nachzügler oft sich selbst überlassen. Darunter leiden vor allem seine Leistungen in der Schule. Der frischgebackene Mittelschüler, der bisher stets gute Noten nach Hause brachte, kann das Schuljahr nicht wie gewohnt erfolgreich abschließen und muß in einigen Fächern im Oktober zur Nachprüfung antreten, die er dann aber anstandslos besteht.

Die schwache schulische Leistung ruft erneut den Onkel Doktor auf den Plan. Dieser beschließt, Richard zum weiteren Schulbesuch in das Internat „St. Augustin" in Pavia zu geben. Hier verbringt der Heranwachsende unter der Obhut erfahrener Pädagogen die nächsten sechs Jahre. Während er in den ersten Schuljahren als ein zwar fleißiger, aber bisweilen zerstreuter Schüler beschrieben wird, der den Schulbüchern die Abenteuerromane eines Jules Verne oder Emilio Salgari vorzieht, entpuppt er sich im Lyzeum als ein „Magier der Zahlen" und feinsinniger Philosoph.

In dieser Zeit beginnt auch der intensive Briefwechsel mit der Schwester in Ägypten und die bewußte Hinwendung zu Gott. Erstmals wird in ihm, wie Schwester Longina später bestätigt hat, der Wunsch lebendig, sein Leben in den Dienst Gottes zu stellen. Ein Beweis dafür ist, daß er sich während der Schulferien, die er bei Onkel Carlo und Tante Maria in Torrino verbringen darf, mit Leib und Seele der christlichen Unterweisung der Bauernkinder widmet und unter der Dorfjugend eine animierende Tätigkeit entfaltet, die in der Gründung einer örtlichen Jugendgruppe der Katholischen Aktion und des Arbeitskreises „Don Bosco" ihren Höhepunkt findet. Die Jugendarbeit sollte auch später noch ein zentrales Anliegen des Heiligen bleiben.

Bei seinen Schulkameraden und Lehrern bleibt Richard insbesondere wegen seiner Sanftmut in guter Erinnerung. Dieses Wort, das aus dem modernen Sprachgebrauch völlig verschwunden ist, taucht später in seinen Briefen immer wieder auf. In dem oft zitierten Ausspruch Jesu: „Lernt von mir, der ich sanftmütig und demütig bin" (Mt 11,29;5,5), scheint der spätere Heilige, eine ganz besonders tiefreichende Wahrheit für sich selbst und seine Mitmenschen entdeckt zu haben. Heute würden wir anstelle dieses Ausdruckes (wie das im übrigen auch bei den neueren Übersetzungen des Evangeliums der Fall ist) das Wort „Gewaltlosigkeit" bzw. „gewaltlos" verwenden. Dieser grundlegende Wesenszug christlichen Denkens und Handelns, der insbesondere in unserer auf Leistung und Selbstbehauptung ausgerichteten Gesellschaft belächelt und verdrängt wird, spielt in der Persönlichkeitsbildung des angehenden Arztes eine nicht zu unterschätzende Rolle. Daraus sollte sich mit der Zeit die Hingebungsfähigkeit entwickeln, die der Medizinstudent, wie wir sogleich sehen werden, im Krieg gegenüber seinen verletzten Kriegskameraden, der Arzt gegenüber seinen Patienten, der Ordensmann gegenüber der leidenden Menschheit zeigt.

Auf der Universität

Als sich der 18jährige nach bestandenem Abitur 1915 in der angesehenen Universität von Pavia, sicher auch auf Drängen des Onkels, zum Medizinstudium einschreibt, tobt in Europa bereits seit etlichen Monaten der Erste Weltkrieg. Italien war bisher davon verschont geblieben. Daß das aber nicht mehr lange so bleiben sollte, ahnte auch schon der kurz vor dem Abitur stehende Richard. In einem Brief an seine Schwester vom 13. März 1915 lesen wir: „Du hast sicher von dem schrecklichen Erdbeben gehört, das in Mittelitalien ganze Dörfer zerstört und Tausende und aber Tausende von Menschenopfern gefordert hat. Aber eine weit größere Gefahr bedroht derzeit Italien, die nämlich, in den furchtbaren Konflikt verwickelt zu werden, der seit gut sieben Monaten die anderen europäischen Nationen zerfleischt."

Die Befürchtung des jungen Studenten sollte sich bald bewahrheiten und auch für ihn nicht ohne Folgen bleiben. Italien tritt im Mai 1915 in den Krieg ein. Vorerst erwartet ihn jedoch noch eine Zeit intensiven Studiums und fruchtbarer Weiterentwicklung auf religiösem Gebiet.

Während der Universitätszeit wohnt Richard bei der Familie Rossi in der Frankenstraße. Die Familie ist mit dem Bischof von Pavia, Mons. Francesco Ciceri, verwandt und ein Sohn des Hauses ist Priester. Zum Essen geht er in die einfachen Gaststätten, die nahe der Universität den ganzen Tag über für die Studenten geöffnet sind. Es ist dies für ihn, wie übrigens für alle, eine harte und entbehrungsreiche Zeit. Der Krieg ließ bereits seine ersten Folgen spüren. Wie sein Bruder Ferdinando später berichtete, war das

Zimmer von Richard im Winter eiskalt, sodaß er gezwungen war, beim Studieren den Mantel anzulassen und seine Füße in eine Ziegenfelldecke einzuwickeln, die er von Onkel und Tante erhalten hatte.

Am Ende des ersten Universitätsjahres (Juli 1916) besteht der Medizinstudent mit Erfolg die Examen in Botanik, Zoologie, Physik und organischer Chemie. Schwierigkeiten bereitet ihm lediglich die anorganische Chemie. In diesem Fach muß er im März des darauffolgenden Jahres ein zweites Mal zur Prüfung antreten. Die Beurteilung, die er dabei erhält, sollte in seiner weiteren Universitätslaufbahn die einzige mäßige Note bleiben.

In der Freizeit nimmt der heranreifende Christ Kontakt zu verschiedenen katholischen Kreisen in Pavia auf. Diesen Anfängen wird jedoch vorerst, wie dem Medizinstudium, durch die immer bedrohlicher werdende Kriegssituation ein jähes Ende gesetzt.

Tatsächlich war Richard bereits im ersten Universitätsjahr ein erstes Mal zur Musterung gerufen worden, bei der er jedoch aufgrund seiner zarten Konstitution nicht zum Wehrdienst eingezogen wurde. Bei der zweiten Untersuchung im Februar 1917 wurde er hingegen als tauglich befunden und am darauffolgenden 1. April dem Sanitätskorps zugeteilt.

Im Krieg

Nach einer dreimonatigen Ausbildung in einem mailändischen Militärkrankenhaus wird der Medizinstudent, nunmehr im Rang eines Gefreiten, mit der 86. Sanitätsabteilung zuerst in eine Nachschubbasis im Karstgebiet, dann in das Feldlazarett von Ruda-Villa Vincentina am unteren Isonzo beordert. Hier lernt er erstmals die Greuel des Krieges in ihrer ganzen Tragweite kennen. Am 1. September 1917 schreibt er an die Schwester in Ägypten: „Seit zwei Wochen tue ich Dienst in einem Feldlazarett. Welche Marter des Menschenfleisches, was für Wunden, zerschmetterte Glieder..." Sicher wandern seine Gedanken beim Anblick der verwundeten Kameraden immer wieder zu seinem Bruder Achille, der bereits im Juli 1916 an der Front gefallen war. Trotzdem bleibt er, wie später von mehreren Mitstudenten, die gemeinsam mit ihm zur selben Einheit abkommandiert wurden, bezeugt worden ist, guten Mutes und strahlt Hoffnung und Zuversicht aus, was ihn sowohl bei den Offizieren als auch bei den einfachen Soldaten bald sehr beliebt macht.

Richard ist der jüngste seiner Kompanie. Das hindert ihn jedoch nicht daran, in bestimmten Angelegenheiten selbstsicher und selbstbewußt vor seinen Kameraden aufzutreten. Das gilt in besonderem Maße für all das, was mit der Sphäre des christlichen Glaubens zusammenhängt. Das Kriegsvolk hat bekanntermaßen noch nie eine besondere Vorliebe für Glaubensfragen gezeigt. Dessen ungeachtet vertieft sich der Zwanzigjährige, wann und wo immer sich ihm die Gelegenheit bietet, in die Lektüre christlichen Schriftguts und versucht, die Kraft, die er daraus schöpft, auch seinen Kameraden, vor allem den verletzten, mitzuteilen. Dabei ist er jedoch, wie später seine Mitstudenten und Kriegskameraden Prof. Meda und Dr. Secondi berichteten, nie aufdringlich. Vielmehr ist ihm die Fähigkeit eigen, bei seinen Krankenbesuchen in das Gesprächsthema auf natürliche Weise christliche Inhalte einfließen zu lassen, die nie störend wirken oder sogar fehl am Platz erscheinen. Die Mitteilung christlichen Gedankenguts wird ihm nie zum Zwang. Er ist ehrlich um das Wohl seiner verletzten Kriegskameraden besorgt. Und das wird allgemein anerkannt und geschätzt. Daneben weiß er auch, für Zerstreuung und Unterhaltung zu sorgen. Beim Mühle- und Damespiel hilft er so manch einem Unglücklichen, sein Leid, wenn auch nur für kurze Zeit, zu vergessen.

Richard hat zweifelsohne nicht das Zeug zum Kriegshelden. Das verwehrt ihm schon allein seine zarte Konstitution, noch mehr aber seine tiefe Verwurzelung im christlichen Glauben. Wenn er nach der verheerenden Niederlage der italienischen Streitkräfte bei Caporetto am 24. Oktober 1917 trotzdem zu dieser Ehre kommt, so ist das ausschließlich dem Umstand zuzuschreiben, daß ihm sein humanitäres Empfinden und seine uneigennützige Lebenseinstellung keine andere Wahl ließen.

Die Tatsachen: Nach der Niederlage bei Caporetto brach unter den italienischen Truppen eine heillose Panik aus. Alle, die Sanitätsabteilungen miteingeschlossen, versuchten sich in einer kopflosen Flucht in Sicherheit zu bringen. Niemand kümmerte sich auch nur im geringsten um den Medikamentenvorrat und das Verbandsmaterial, das auf dem Feld zurückblieb. Da nahm der Gefreite Pampuri einen Karren, belud ihn mit dem liegengelassenen Material, spannte eine Kuh davor und trat in völliger Einsamkeit seinen persönlichen Rückzug an. Das Unglück wollte, daß gerade an diesem Tag ein furchtbares Unwetter über das Land niederging. So erreichte der Heilige, zwar mit heiler Haut, aber völlig durchnäßt und bis zum äußersten erschöpft, nach einem 24stündigen Gewaltmarsch seine Kameraden, die hinter dem Piavefluß unter General Diaz eine neue Verteidigungslinie aufbauten. Für diese Heldentat erhielt Richard später die bronzene Verdienstmedaille. Am 1. Januar 1918 wurde ihm in Anerkennung seines heldenhaften Verhaltens der Rang eines Unteroffiziers verliehen und ein zweiwöchiger Urlaub gewährt.

Leider zeigte sich die zarte Natur des Zwanzigjährigen den Strapazen dieses Unternehmens nicht gewachsen. Er erkrankte an einer bösen Rippenfellentzündung, die nie vollends auskuriert werden konnte und ihm höchstwahrscheinlich später zum Verhängnis geworden ist. Als Entschädigung dafür wird ihm vom Staat am Ende des Krieges eine kleine Rente zuerkannt, auf die er jedoch freiwillig verzichtete, nachdem er eine Anstellung als Landarzt gefunden hatte.

Im Frühjahr 1918 bekommt Richard einen viermonatigen Studienurlaub, um die Examen des dritten Lehrganges zu machen. Den Sommer verbringt er in einem Feldkrankenhaus in Malonno, einem kleinen Dorf in der Nähe Brescias, von dem er an seine Schwester schreibt: „Ein ruhiges Dorf in einem bezaubernden Tal, wo alles schön ist und alle Dinge – von den grünen und dichten Kastanienhainen an den Füßen der Berge bis zu den kleinen Dörfern, die sich unter dem Schutz weißer Kapellen an die steilen Abhänge drücken – von der unendlichen Macht Gottes und seiner grenzenlosen Liebe künden ..."

Ein weiterer Brief aus dieser Zeit beweist, daß der Zwanzigjährige nicht nur seinen Bezug zu Gott in keiner Weise aus den Augen verloren hat, sondern auch unentwegt um sein akademisches Fortkommen bemüht war: „Da ich jetzt viel Zeit habe", schreibt er aus dem vorher genannten Feldlazarett an seine Verwandten in Torrino, „beschäftige ich mich mit allgemeiner Pathologie. Außerdem haben wir hier einen hervorragenden Stabsarzt, der mir immer, wenn es etwas Interessantes gibt, den Fall zeigt und gerne erklärt."

Am 4. November 1918 endet der Krieg. Doch die italienischen Militärbehörden entließen die Truppen nur sehr langsam, sodaß Richard bis zum 27. Juni 1920 auf seinen endgültigen Abschied warten mußte. In dieser Zeit wurden ihm allerdings mehrere kurze und zwei sechsmonatige Studienurlaube bewilligt, die er dazu nutzte, die ausstehenden Prüfungen nachzuholen und alte Kontakte in Pavia wiederaufzunehmen.

Die Erfahrung des Krieges wird von allen Biographen des Heiligen übereinstimmend als eine grundlegende „Lehrzeit" für den angehenden Arzt und späteren Ordensmann herausgestrichen. Es ist sicher nicht aus der Luft gegriffen, wenn da und dort behauptet wird, daß seine Universität die Feldlazarette auf den verschiedenen Kriegsschauplätzen waren. Noch mehr erweist sich der Krieg für den empfindsamen jungen Mann als Glaubensschule, aus der er zwar erschüttert über die menschliche Grausamkeit, aber um so überzeugter von der höheren Macht Gottes, in das bürgerliche Leben zurückkehrt. In tausendfacher Weise vor das Rätsel und die Sinnlosigkeit menschlichen Handelns gestellt, wird ihm die Frage nach Gott immer mehr zu einem zentralen Anliegen. Daß sich der von den Kriegsereignissen gezeichnete junge Mann in der Folgezeit noch bewußter auf die Suche nach Gott macht und nicht, wie viele seiner Zeitgenossen, der Glaubenslosigkeit verfällt, ist zweifelsohne auf seine nunmehr weit fortgeschrittene Versenkung in Gott zurückzuführen.

Die Promotion zum Doktor

Wie wir gesehen haben, verzahnen sich im Leben des Heiligen Universitäts- und Kriegszeit, sodaß es nicht immer einfach ist, das eine vom anderen genau abzugrenzen. Wenn einige Ereignisse, die auf die ersten Universitätsjahre zurückreichen, erst jetzt zur Sprache kommen, so geschieht das auschließlich zu dem Zweck, den Leitfaden seiner Lebensgeschichte besser zur Geltung zu bringen.

Der Krieg hatte auch im Universitätsleben zu tiefgreifenden Veränderungen geführt. War vorher das liberale Gedankengut bestimmend gewesen, so spalteten sich jetzt die Geister in das faschistische und sozialistische Lager. Für die christlichen Werte hatte man weder in dem einen noch in dem anderen viel übrig. Dazu kam, daß die meisten Studenten gerade erst frisch als Sieger von der Front heimgekehrt waren und in vielen Fällen nicht im geringsten daran dachten, die dort genossene Freiheit und angenommene, verwilderte Lebensweise aufzugeben. Christlich orientierte Studenten hatten in dieser Situation verständlicherweise mit unzähligen Schwierigkeiten zu kämpfen. Das Bedürfnis, nicht allein den von Tag zu Tag immer stärker überhand nehmenden Angriffen ausgesetzt zu sein, veranlaßte die christlichen Studenten dazu, sich in eigenen Studentenverbindungen zusammenzuschließen. Die wichtigste christliche Studentenverbindung, die es zur Zeit Richard Pampuris in Pavia gab, nannte sich „Severinus Boetius". In deren Verfassungsurkunde heißt es: „Das mutwillige Vorgehen, mit dem in vielen Städten die ungläubige Jugend mit ihren Verbindungen gegen die katholischen Universitätsstudenten ins Feld zieht, sie in öffentlichen Kundgebungen einzuschüchtern versucht und zum Abfall vom Glauben verleitet, macht es zur Notwendigkeit, daß auch die katholischen Studenten sich verbinden und gegenseitig unterstützen." Der Zusammenschluß sollte jedoch auch, wie aus einer Verlautbarung des Bischöflichen Ordinariats hervorgeht, einem zweiten Zweck dienen: „Die Arbeitsgemeinschaft ‚Severinus Boetius' möge dafür stehen, daß auch heute das Miteinander von Glaube und Wissenschaft ... möglich ist."

Richard Pampuri schließt sich dieser Verbindung an und erweist sich in der Folgezeit, wie die nachstehenden Worte des späteren Bischofs von Pavia, Prof. Giuseppe Ballerini, beweisen, als einer ihrer wirksamsten Mitträger: „Die Studentenverbindung ‚Severinus Boetius' rühmt sich der Mitgliedschaft von Dr. Pampuri. Er hat durch sein Beispiel und sein tadelloses Leben mehr Mitglieder geworben, als alle Konferenzen und Propaganda es vermochten. Ich schäme mich nicht zu sagen: mehr als ich es durch meine persönlichen Bemühungen fertigbrachte."

Eine noch größere Bedeutung für den späteren Heiligen scheint jedoch die Mitgliedschaft in einem anderen Verein christlicher Ausrichtung gehabt zu haben. Dr. Luigi Bazzoli, ein Mitstudent von Frater Richard Pampuri und wie er Mitglied der „Severinus Boetius"-Verbindung, gab in einer Denkschrift, die dem Kirchengericht von Mailand bei der Aufnahme des Verfahrens zur Selig- und Heiligsprechung vorgelegt wurde, zu Protokoll: „Dr. Erminio Pampuri war ... auch ein eifriges Mitglied des Vinzenzvereins. Ganz offensichtlich sagte ihm die Tätigkeit dieses Vereins mehr zu als die unserer Verbindung."

Der Vinzenzverein widmete sich in erster Linie der stillen Hilfe. Das Bestreben seiner Mitglieder war es, die Not armer, kranker, alter und vereinsamter Menschen durch kleine solidarische Gesten zu lindern. Da sich diese Tätigkeit zumeist im Verborgenen abspielte, gibt es darüber fast keine Aufzeichnung. Der letzte, der davon viel Aufhebens gemacht hätte, wäre Richard Pampuri gewesen. So wissen wir praktisch nichts von seinem Tun in diesem Verein.

Spurenreicher stellt sich da schon sein Verhalten auf einer anderen Ebene dar, die unmittelbar sein Glaubensverständnis und offenes Eintreten für die christliche Lehre betrifft. Aus einem Brief an die Geschwister Moro in Pavia, bei denen Richard Pampuri nach Kriegsende Quartier bezogen hatte, erfahren wir: „Ich erinnere mich an die vielen Diskussionen, bei denen Sie wohlwollend über die Taktlosigkeit, die ich mir manchmal in meinem Übereifer zuschulden kommen ließ, hinwegzusehen wußten. In einigen Fällen kann mir meine hartnäckige Unnachgiebigkeit jedoch, so meine ich, nicht zum Vorwurf gemacht werden. Dabei beziehe ich mich vor allem auf die Momente unserer Gespräche, wo ich mit uneingeschränkter Liebe unseren gütigen Herrn Jesus Christus und seinen Stellvertreter auf Erden vor den pharisäischen Angriffen der liberalen Presse in Schutz zu nehmen versuchte, der damals die weise Gestalt unseres Heiligen Vaters, der seine in einem blutigen Bruderkampf liegenden Söhne mit eindringlicher Stimme zum Frieden aufforderte, ein Dorn im Auge war." Wie bekannt, hatte Papst Benedikt XV. vor und während des Krieges alle Beteiligten mehrmals vor einem „sinnlosen Blutbad" gewarnt und war deshalb von den Parteien, die für eine Intervention waren, scharf kritisiert worden. Diese Begebenheit mag wohl das umstrittene Thema der erwähnten Diskussion gewesen sein, das die unerschrockene Stellungnahme des jungen Richard Pampuri herausgefordert hat.

Den Höhepunkt in der christlichen Geistes- und Herzensbildung des angehenden Arztes bildete jedoch zweifelsohne ein Ereignis, von dem Richard Pampuri seiner Schwester Marie mit folgenden Worten berichtet: „In der Hoffnung, dadurch besser zu werden, habe ich mich unter den Schutz des seraphischen Vaters Franziskus gestellt und bin seinem Dritten Orden beigetreten. So bin ich jetzt auch in geistlicher Hinsicht ein bißchen Dein Bruder geworden."

Der Entschluß zu diesem Schritt war in ihm langsam, aber konsequent herangereift. Kennengelernt hatte Frater Pampuri die Franziskanerpatres durch die Kirche S. Maria di Canepanova, wo der Universitätsseelsorger, Mons. Pini, monatlich für die Studenten einen eigenen Gottesdienst feierte. Die Kirche muß ihm sehr bald ans Herz gewachsen sein, denn man sah ihn dort immer häufiger. Schließlich wurde ihm der Gottesdienstbesuch bei den Franziskanerpatres zur täglichen Gewohnheit. P. Paolo O.F.M., von dem Richard Pampuri am 20. März 1921 in den Dritten Orden eingekleidet wurde (die Profeßfeier fand ein Jahr darauf am 22. April statt), schreibt: „Nicht nur mir, sondern auch mehreren meiner Mitbrüder fiel der junge Student bald auf ... Jeden Tag Punkt elf nahm er nach dem Schluß der Vorlesungen an der heiligen Messe teil. Was uns an ihm besonders beeindruckte, war sein tief ausgeprägter sensus Christi."

Damit ist ein weiteres Schlüsselwort gefallen, auf das wir bei der Auseinandersetzung mit diesem Heiligen nicht verzichten können. Christsein war für Richard Pampuri nämlich keineswegs nur eine äußere Form, an die man sein Leben anpassen kann, sondern eine Berufung und Aufgabe, die das eigene Leben von innen heraus bestimmt und ihm erst seinen tieferen Sinn gibt. In den Feiern, Riten und Überlieferungen des christlichen Glaubens erkannte er ein unentbehrliches Gut zur Vervollkommnung des eigenen Christ- und Menschseins. In diesem Zusammenhang muß auch sein Eintritt in den Dritten Orden der Franziskaner gesehen werden. Als Bruder Antonius, wie er nun hieß, hatte Richard Pampuri einen weiteren wichtigen Baustein für die Fortentwicklung seines Christseins und In-Gott-Seins gelegt.

Die Mitgliedschaft in der Studentenverbindung „Severinus Boetius", das Wirken im Vinzenzverein und der Eintritt in den Dritten Orden sind jedoch nicht die einzigen Momente, die das Leben des jungen Medizinstudenten in der unmittelbaren Nachkriegszeit nachhaltig mitbestimmen. Auch wenn in der Zeit nach dem Krieg, wie wir bisher bemerken konnten, sein Tun und Streben ganz auf Ausbildung und Verfeinerung seines christlichen Denkens und Empfindens ausgerichtet scheinen, vergißt er darüber in keiner Weise das Studium der Medizin. Nach und nach legt er mit steigendem Erfolg die ausstehenden Prüfungen ab, bis es schießlich so weit ist: Am 6. Juli 1921 promoviert er mit Auszeichnung zum Doktor der Medizin. Seine Doktorarbeit lautete: „Die Bestimmung des Arteriendruckes mittels eines neuen Luftdruck-Manometers." Bei der Wahl des Themas hatte es sich der Doktorand nicht leicht gemacht, handelte es sich dabei doch, wie aus dem Titel hervorgeht, um wissenschaftliches Neuland. Sein Doktorvater, Prof. E. Morelli, der Vorstand des Pathologischen Instituts an der Universität von Pavia, schrieb in einem Begleitschreiben: „Dr. Erminio Filippo Pampuri ist ein junger gebildeter und sehr fleißiger Mann, der sich mit großer Hingabe dem Studium des kranken Menschen widmet und dabei alle labortechnischen Mittel, die zur richtigen Urteilsbildung bei einem Krankheitsfall notwendig sind, anzuwenden weiß. Die mit Auszeichnung bestandene Doktorprüfung ist ein Beweis für seine hervorragende ärztliche Befähigung. Guten Gewissens glaube ich, behaupten zu dürfen, daß er ein ausgezeichneter Arzt werden wird."

Die Tradition will, daß nach bestandener Staatsprüfung eine Promotionsfeier zu Ehren des neuen Doktors stattfindet. Zu einem solchen Fest hatten die Verwandten des frischgebackenen Arztes Freunde und Bekannte nach Torrino eingeladen. Unter ihnen befand sich auch P. Paolo Sevesi O.F.M., der Guardian des Minoritenklosters, von dem Richard Pampuri in den Dritten Orden aufgenommen worden war. Von ihm stammen die folgenden Worte, die, im nachhinein betrachtet, einer Prophezeiung gleichkommen: „Welchen Weg wird unser frischgebackener Doktor wählen? Wahrscheinlich fühlt er schon, wozu er berufen ist. Er weiß, welch große Aufgabe ihn als katholischen Arzt erwartet, als der er nach dem Vorbild von Christus Medicus auch eine priesterliche Aufgabe zu erfüllen hat. Wofür wird sich Erminio Filippo entscheiden? Ich hoffe, für das eine wie für das andere, so Gott will und er sich dazu leiten läßt."

Ein Jahr, bevor Richard Pampuri starb, begegneten sich die beiden noch einmal im Krankenhaus der Barmherzigen Brüder in Brescia, wo der Arzt nunmehr im Ordenskleid tätig war. „So hast du endlich deinen Frieden, deine Verwirklichung und Bestimmung gefunden", rief der Freund voller Freude über diesen Wandel aus. Wir wollen den Ereignissen jedoch nicht zu sehr vorgreifen. Zuerst erwartet uns noch ein kleines Dorf namens Morimondo, wo Richard Pampuri sechs Jahre lang als Landarzt wirkte.

Landarzt in Morimondo

Nach der Doktorprüfung verbringt Richard Pampuri einen kurzen Erholungsurlaub in Torrino. In der Arztstube des Onkels kann er sich erstmals offiziell seiner Berufstätigkeit widmen. Wie der Onkel verlangt auch er nichts für seine Bemühungen. Dann übernimmt er für kurze Zeit eine Vertretung in Vernate. Als in einer Gemeinde ganz in der Nähe von Torrino eine Arztstelle ausgeschrieben wird, bewirbt er sich darum, wird aber aus politischen Gründen (Richard Pampuri gehört im Gegensatz zu dem Kollegen, dem die Stelle zuerkannt wird, nicht der faschistischen Partei an) nicht berücksichtigt, obwohl er die höchste Punktezahl erreicht. Dafür erhält er die Stelle eines Landarztes in Morimondo, einem großen Dorf, 15 km von Torrino entfernt, dessen Einzugsgebiet sich über 10 qkm erstreckt und in zahlreiche weitverstreute Weiler aufgesplittert ist. Dazu kommt, daß das Gelände, vor allem im Winter, nur schwer befahrbar ist. Wir dürfen nicht vergessen, daß damals, neben der Eisenbahn und anderen öffentlichen Verkehrsmitteln, die meistgebrauchten Fortbewegungsmittel die Kalesche und das Fahrrad waren und Automobile noch eher die Ausnahme bildeten. Doch das stört Richard Pampuri wenig. Ohne zu protestieren, wozu er auf jeden Fall das Recht gehabt hätte, nimmt er die Stelle an und übersiedelt gemeinsam mit seiner Schwester Rita im Herbst 1921 nach Morimondo.

Morimondo verdankt seinen Namen einer altehrwürdigen Zisterzienserabtei, die im 13. Jahrhundert von französischen Mönchen gegründet und nach ihrem Mutterhaus Morimond in Frankreich benannt wurde. Im ehemaligen Gästehaus dieser Abtei wird für Richard Pampuri und seine Schwester, die in den kommenden sechs Jahren dem Doktor den Haushalt führt, eine kleine Wohnung eingerichtet.

Der junge Arzt nimmt seine neue Tätigkeit mit großer Gewissenhaftigkeit auf. Um den vielen verschiedenen Aufgaben, die auf ihn zukommen, gewachsen zu sein, besucht er zuerst einen Geburtshilfekurs unter der Leitung von Prof. Mangiagalli in Mailand (die meisten Frauen gebaren damals noch zuhause, vor allem auf dem Land) und absolviert anschließend in Pavia seine Ausbildung zum Amtsarzt. Die berufliche Fortbildung bleibt ihm sein ganzes Leben lang ein zentrales Anliegen.

Der neue Arzt sorgt in dem einige Tausend Seelen zählenden Dorf bald für Aufsehen. Zu groß ist der Unterschied zu seinen Vorgängern und zu den Kollegen der umliegenden Ortschaften. Zuerst einmal versetzt sein direktes, ungezwungenes Auftreten die zumeist bäuerliche und ärmliche Bevölkerung in Staunen. Nichts liegt dem neuen Doktor ferner als Standesdünkel. Vielmehr fühlt er sich bei den einfachen Landleuten unter seinesgleichen, spricht ihre Sprache und weiß, ihre Sorgen und Nöte ernstzunehmen.

Von einem Arzt war man anderes gewohnt, war er doch damals, vor allem auf dem Land, neben dem Bürgermeister und Pfarrer eine der wichtigsten Persönlichkeiten des öffentlichen Lebens. Dr. Pampuri schien seiner „gesellschaftlichen" Stellung jedoch keinen allzu großen Wert beizumessen. Er zeigte sich weder unnahbar noch herablassend, stand im Gegenteil rund um die Uhr zur Verfügung und weigerte sich auch bei leichteren Krankheitsfällen nicht, große und beschwerliche Wegstrecken auf sich zu nehmen, um den Patienten an Ort und Stelle zu untersuchen. Diese Dienstauffassung trug ihm schon bald den Zorn seiner Arztkollegen ein, dem einer einmal in folgender Weise vor der Schwester des Heiligen Luft machte: „Sagen sie ihrem Bruder, daß wir Ärzte keine Wundertäter sind. Wenn ein Kind zur Welt kommen soll, kommt es zur Welt. Wenn einem Gesundheit beschieden ist, ist er gesund. Wenn einer sterben muß, stirbt er. Ihr Bruder muß nicht gleich zu jedem Kranken rennen. Wenn wir jedem Kranken Recht geben, gehen zum Schluß wir drauf." Was würde dieser Kollege erst gesagt haben, wenn er erfahren hätte, daß Richard Pampuri die ärmeren unter seinen Patienten nicht nur umsonst untersuchte, sondern für sie in vielen Fällen auch noch die Medikamente bezahlte. Daß der Arztberuf auch gewisse Gefahren in sich birgt, scheint der Neuling übrigens schnell begriffen zu haben. So schreibt Richard Pampuri zu Beginn seiner ärztlichen Tätigkeit an die Schwester Marie in Ägypten: „Bete, damit weder Stolz noch Egoismus oder sonst eine schlechte Neigung mich daran hindern, in meinen Patienten stets den leidenden Christus zu sehen. Ihn pflegen und trösten... dieser Gedanke läßt mich meinen Beruf erst so richtig schätzen."

Ein weiterer Wesenszug, der an Richard Pampuri im Laufe seiner Arzttätigkeit immer stärker hervortritt, ist seine persönliche Anteilnahme am Schicksal der ihm anvertrauten Menschen, die in mannigfaltiger Weise zum Ausdruck kommt. Wir wissen, wie schwierig es für den Arzt, insbesondere heute, ist, angesichts der vielen „Fälle", mit denen er es zu tun hat, eine persönliche Beziehung zum Patienten aufzubauen und aufrechtzuerhalten. Von mancher Seite wird die Meinung vertreten, daß sich im Arzt durch den andauernden Umgang mit Leid und Schmerz ganz spontan eine Schutzmauer gegen diese alltägliche Erfahrung bildet. Andererseits wissen wir aber auch, wie wichtig die persönliche Beziehung zum Arzt für den Patienten ist.

Richard Pampuri sucht die Nähe zum Kranken. Schon bald begreift er, daß die tieferen Gründe für eine Krankheit oft nicht in den Schulbüchern der Medizin erklärt sind, sondern in der Umgebung und Lebensweise des Menschen selbst zu suchen sind. Seine Patienten sind in der Mehrzahl der Fälle, wie bereits weiter oben erwähnt, arme Landarbeiter und Bauernleute. Deren Lebensbedingungen, sprich schlechte Ernährung, unzulängliche Kleidung und fehlende hygienische Maßnahmen, sind, davon ist der junge Doktor überzeugt, für das Aufkommen bestimmter Krankheiten ein idealer Nährboden. Deswegen begnügt er sich nicht, seine Patienten zu untersuchen, ihnen Medikamente zu verschreiben und Bettruhe zu verordnen, sondern setzt sich für seine Schützlinge auch in Belangen ein, die weit über sein ärztliches Tätigkeitsfeld hinausreichen. So spricht er zum Beispiel wiederholt bei der Sozialfürsorge vor und sorgt dafür, daß die ärmsten unter seinen Patienten eine Unterstützung erhalten, verteilt selbst Lebensmittel und Kleider und findet schließlich nichts dabei, wie uns von seiner Schwester Rita berichtet worden ist, seine eigene Matratze einem Kranken abzutreten, der auf ein hartes Lager gebettet war.

An einem Beispiel wird das Verantwortungsbewußtsein, mit dem Richard Pampuri seinem Arztberuf nachging, besonders deutlich. Einmal kam eine alte Frau in seine Praxis, die unter einem häßlichen Ausschlag am Kopf litt. Richard Pampuri verschrieb ihr eine Salbe, die zweimal am Tag aufgetragen werden sollte. Da die Frau dazu allein nicht in der Lage war, wandte er sich an ihre Angehörigen und bat sie, die Sache in die Hand zu nehmen. Als er merkte, daß man seine Weisungen nicht befolgte, begab er sich selbst zweimal täglich zu der alten Frau, bis der Ausschlag vollständig ausgeheilt war. Und das, obwohl auf ihm unzählige anderweitige Verpflichtungen lasteten. Diese scheinbar unbedeutende Begebenheit wirft ein bezeichnendes Licht auf das Schaffen und Denken von Richard Pampuri. Nicht nur, daß ihm die Sorge um die Allgemeinheit ein ständiges Herzensanliegen war, nein, auch die kleinen Nöte und Sorgen des Einzelnen, mochten sie auch noch so bedeutungs- und belanglos erscheinen, erweckten seine Aufmerksamkeit und liebevolle Zuwendung.

Wieviele von uns neigen doch dazu, alte und gebrechliche Menschen als zweitrangige Mitglieder der Gesellschaft zu betrachten und ihre Nöte und Sorgen deshalb nicht allzu ernst zu nehmen. Auch unter den Ärzten hat sich bedauerlicherweise da und dort diese Denkweise eingeschlichen. Durch die Behandlung alter Leute sind kaum berufliche Lorbeeren zu ernten. Schon gar nicht bei solchen Fällen wie dem eben erwähnten, die gemeinhin als „Bagatellen" abgetan werden. Für Richard Pampuri waren aber gerade alte, schwache und an den Rand gedrängte Menschen, deren Leistungs- und mithin Gesellschaftsfähigkeit in Frage gestellt war, die Personen, denen seine ganze Liebe galt. Selbst vor den abstoßendsten Krankheiten schreckte er nicht zurück. In diesem Zusammenhang erlangt die Aussage, die über ihn später von einem Arzt gemacht wurde, der ihn als Frater Richard im Krankenhaus der Barmherzigen Brüder in Brescia kennengelernt hatte, eine besondere Bedeutung: „Mehr als Arzt, verstand er sich als Samariter."

Das tief ausgeprägte Berufsethos, von dem Richard Pampuri beseelt war, zeigte sich noch bei vielen anderen Gelegenheiten. Der Tod einer Frau, die während einer kurzen Abwesenheit seinerseits ganz unerwartet an Typhus erkrankte und starb, ging ihm derart zu Herzen, daß er sich monatelang mit schweren Selbstvorwürfen plagte, obwohl ihn keine Schuld traf. Einen Mann, der ebenfalls an Typhus erkrankt war (Typhus und Tuberkulose waren zur damaligen Zeit sehr weitverbreitet und hochgefährlich), besuchte er bis zu viermal am Tag und eilte auch noch nachts an sein Krankenbett. An dieser Stelle ist zu bemerken, daß die Landbevölkerung die Gewohnheit hatte, den Arzt erst zu nächtlicher Stunde zu einem Kranken zu rufen, da tagsüber alle (selbst die Kinder) auf Hof und Feld gebraucht wurden und deshalb erst nachts ein Mitglied der Familie damit beauftragt wurde, den Doktor zu holen. Was das an zusätzlichen Strapazen für unseren Landarzt bedeutete, muß erst nicht eigens dargelegt werden. Außerdem dürfen wir nicht vergessen, daß Richard Pampuri selbst nicht gerade der Gesündeste war. Die Nachwirkungen der Rippenfellentzündung, die er sich im Krieg zugezogen hatte, machten ihm nicht wenig zu schaffen, auch wenn er selbst nie darüber klagte.

Die vielen Wege, die er zu Fuß, mit dem Fahrrad oder mit der Kalesche, die ihm vom Onkel mitsamt zugehörigem Pferd geschenkt worden war, bei jedem Wetter machte, haben sicher auch dazu beigetragen, daß sich sein Gesundheitszustand zunehmend verschlechterte. Schließlich sah sich sein Onkel dazu gezwungen, ihn zu ermahnen: „Du mußt deine Krankenbesuche, vor allem bei den leichteren Fällen, einschränken. Denn so könnte es sein, daß dich die Leute bei einem dringenden Notfall nicht in deiner Praxis vorfinden." Doch auch diese – sicher gut gemeinte, aber grundlose – Ermahnung konnte den unermüdlichen Arzt nicht von seinen Vorhaben abbringen. Er ist vielmehr der Überzeugung, wie er an seine Schwester in Ägypten schreibt, daß er zu wenig tut und wirft sich immer wieder seine Trägheit und Untätigkeit vor. „Wenn nicht mein Verantwortungsbewußtsein als Arzt auf dem Spiel stehen würde, würde ich sagen, daß meine Arbeit ein reines Vergnügen ist", heißt es in einem dieser Briefe. Und weiter: „Wie anders könnte man sonst lang ausgedehnte Spaziergänge unter schattigen Bäumen auf bequemen Wiesen- und Feldwegen bezeichnen ..." Das ist natürlich eine grobe Übertreibung, aber das Gefühl der Unzulänglichkeit, das an ihm nagt, ist echt.

Zu den vielen Krankenbesuchen fühlt sich Richard Pampuri aber auch aus einem anderen Grund verpflichtet. Gleich zu Beginn seiner Tätigkeit hatte er nämlich, vor allem für den ärmeren Teil der Bevölkerung, eine Art „private Krankenkasse" eingerichtet, in die jeder, der davon profitieren wollte, jährlich zwei Lire – d.h. praktisch nichts – einzahlte und dafür jedesmal, wenn er erkrankt war, das Recht hatte, vom Arzt zuhause besucht zu werden.

Neben den Kranken liegen Richard Pampuri, wie wir gesehen haben, auch die Armen ganz besonders am Herzen. Auch hier wollen wir aus den vielen Begebenheiten, die uns überliefert worden sind, ein oder zwei Beispiele herausgreifen, an denen die ungewöhnliche Denk- und Handlungsweise des Heiligen ganz besonders deutlich wird. Einmal kam ein armer Mann barfuß in sein Sprechzimmer und bat ihn um ein Paar Schuhe. Das Schicksal wollte, daß sich Richard Pampuri gerade zu jener Zeit ein Paar neue Schuhe angeschafft hatte. Was lag also näher, als dem Armen die alten, abgetragenen zu geben. Doch das kam dem Heiligen erst gar nicht in den Sinn. Im Nu entledigte er sich seiner neuen Schuhe, gab sie dem Bettler und zog sich selbst wieder die alten an.

Wie schon bei der weiter oben erwähnten Episode mit der alten Frau, die an einem hartnäckigen Ausschlag litt, zeigt sich auch hier die besondere Gabe Richard Pampuris, dem hilfsbedürftigen Menschen nicht nur eine „materielle" Antwort zu geben, sondern ihn auch in seiner Würde zu bestätigen. Wer selbst einmal in Not war, weiß, wie entwürdigend es sein kann, einfach „abgespeist" zu werden. Für Richard Pampuri war der alte, schwache und kranke Mensch ein besonders verehrungswürdiges Geschöpf Gottes, das zu beschenken uns nicht nur Pflicht, sondern auch Freude sein sollte. Ein bekannter Schriftsteller hat diese Gabe einmal als „göttlichen Instinkt" bezeichnet. Wie sehr dieser Instinkt Richard Pampuri zueigen war, beweist auch die folgende Geschichte.

Eine Frau, die von der Großzügigkeit des neuen Doktors erfahren hatte, wandte sich an ihn um Hilfe. Wie gewohnt, untersuchte und behandelte er die Frau darauf nicht nur umsonst, sondern übergab ihr auch am Schluß der Visite einen mit Geld gefüllten Umschlag. Das wiederholte sich etliche Male. Als er von einer anderen Frau darauf aufmerksam gemacht wurde, daß die Frau absolut nicht arm sei, gab er zur Antwort: „Das soll die gute Frau mit dem lieben Gott ausmachen." Sein Mitmensch war ihm heilig. Nichts konnte ihn in seinem Glauben an das Gute im Menschen beirren.

Die Freigebigkeit, mit der er alle Menschen ohne Unterschied unterstützte, führte nicht selten dazu, daß er sein Gehalt oft schon vor Monatsende aufgebraucht hatte und selbst Geld ausborgen mußte. Wenig half es, daß der Onkel und die Tante den Haushalt des Neffen mit Lebensmitteln aller Art aus ihrem Hof in Torrino versorgten. Vieles davon verschwand in den Häusern der Armen oder wurde schon unterwegs verteilt. Umsonst warnte ihn seine Schwester Rita, doch etwas für den Notfall und das Alter beiseitezulegen. Unbekümmert übernahm der Heilige weiter die Rechnungen mehrerer armer Familien beim Lebensmittelhändler, was aber erst nach seinem Fortgang aus Morimondo, als niemand mehr die Rechnungen beglich, herauskam. Ebenso bezahlte er die Medikamente für die armen Leute weiter aus der eigenen Tasche. So kann es nicht verwundern, daß sich der junge Arzt mit der Zeit den Ruf eines Narren verdient. Zu diesem Ruf, den er übrigens mit dem Stifter seiner späteren Ordensgemeinschaft, dem heiligen Johannes von Gott, gemeinsam hat, trägt neben seiner ungewohnten Dienstauffassung noch ein anderer Umstand bei, auf den wir gleich zu sprechen kommen.

In den vorausgehenden Abschnitten ist Richard Pampuri bewußt ausschließlich in seiner ärztlichen Tätigkeit und Sozialarbeit dargestellt worden, obwohl er sich – wie könnte es angesichts seiner Vorgeschichte anders sein – in beidem als engagierter Laienchrist verstand. Die Suche nach Gott ist auch während der sechs Jahre, die er in Morimondo verbringt, sein zentraler Lebensinhalt. Der ärztliche Dienst ist für ihn ohne dauernde Hinwendung zu Gott nicht denkbar. Er übt seinen Beruf stets in dem Bewußtsein aus, daß die letzte Entscheidung über das Schicksal eines Menschen bei Gott liegt, und läßt seine Patienten und deren Angehörigen diese Überzeugung unverhohlen spüren. Auch vor den Berufskollegen, die dem Übernatürlichen bekanntermaßen skeptisch gegenüberstehen und der Wissenschaft das letzte Wort zu geben pflegen, macht er aus seiner am Glauben orientierten Einstellung keinen Hehl. Ruft bei einer Konsultation sein Scharfsinn und feines Gespür ihr Staunen hervor, verweist er sie mit unverblümter Offenherzigkeit auf das höhere Walten Gottes.

Wie sehr ihm daran gelegen ist, seinen Dienst ganz auf Gott hinzuordnen, zeigt sich in besonderer Weise dort, wo seine ärztliche Kunst nichts mehr auszurichten vermag. Der Tod gilt ihm, im Gegensatz zu vielen seiner Kollegen, nicht als persönliche Niederlage. Der sterbende Mensch bedarf, so steht es im Glaubensbuch dieses jungen Arztes geschrieben, genauso des Arztes wie der gesundende. Deswegen bemüht er sich nach Kräften, die letzten Augenblicke des sterbenden Menschen im Sinne des christlichen Glaubens so würdevoll als möglich zu gestalten. Die Verheißung vom ewigen Leben nach dem Tod ist für ihn kein leeres Wort. Kann keine Arznei des Menschen und der Natur mehr helfen, weiß Dr. Pampuri mit einzigartiger Behutsamkeit den Balsam der christlichen Glaubenswahrheiten zu verteilen.

Doch Gott und der christliche Glaube bilden nicht nur bei der Ausübung seines Berufes den Schwerpunkt. Der tägliche Gottesdienstbesuch ist ihm, wie schon zur Zeit seines Studentenlebens in Pavia, nach wie vor eine Selbstverständlichkeit. Selbst wenn er nach einer durchwachten Nacht müde und abgekämpft in seine Praxis zurückkehrt, läßt er es sich nicht nehmen, die Frühmesse in der Pfarrkirche zu besuchen.

Pfarrer von Morimondo war zu jener Zeit Don Cesare Alesina. Er ist ein gewissenhafter und rühriger Seelsorger, der bei der Bevölkerung aufgrund seines barschen Auftretens jedoch nicht immer das erreicht, was er bezweckt. Vor allem bei der Dorfjugend stoßen seine Initiativen häufig auf Unverständnis und Ablehnung. Dazu kommt, daß die damaligen politischen und sozialen Verhältnisse gegen die Kirche arbeiteten.

Mit dem Kommen von Richard Pampuri ändern sich die Dinge. Der junge Arzt macht in verschiedenen Bereichen seinen Einfluß geltend, um die christliche Glaubensgemeinde von Morimondo zu festigen und zu erhalten. Seine erste Sorge gilt dem Pfarrblatt, das nicht über die notwendigen finanziellen Mittel verfügt, um regelmäßig erscheinen zu können. Es gelingt ihm, mehrere wohlhabende Kaufleute dafür zu gewinnen, das Blatt durch die Aufgabe kleiner Werbeinserate zu unterstützen. Sodann läßt er die große, aber ansonsten schmucklose Pfarrkirche auf eigene Kosten mit kostbarem Brokat ausschmücken. Nicht selten betätigt sich der Doktor selbst als Mesner. Auch die Missionsgruppe, die auf Pfarrebene tätig ist, erhält durch ihn einen neuen, entscheidenden Impuls. Dafür sprechen die Spendeneinnahmen, die unter seiner Geschäftsführung verbucht werden können: 1922 waren es noch 95 Lire, 1923 bereits 523 Lire, 1925 1355 Lire und 1927 gar 1525 Lire. 1928, als Richard Pampuri bereits in den Orden der Barmherzigen Brüder eingetreten war, schrumpften die gesammelten Spenden erneut auf 90 Lire zusammen.

Seinen wichtigsten Aufgabenbereich auf kirchlicher Ebene entdeckt der junge Arzt aber in der Jugendarbeit. Da er selbst auf dem Land aufgewachsen ist, findet er bald Zugang zur örtlichen Jugend, obwohl sein Stand und Ansehen den jungen Menschen zunächst Furcht und Respekt einflößt und da und dort auch ihr Mißtrauen erweckt. Von seiner Erfahrung in Torrino weiß Richard Pampuri, daß die Jugend auf dem Land durch lange Reden und tiefgründige Konferenzen nur schwer für den christlichen Glauben und die tätige Auseinandersetzung mit ihm zu begeistern ist. Deswegen kommt er gemeinsam mit dem Pfarrer auf die Idee, eine Musikkapelle zu gründen. Die Initiative wird zu einem durchschlagenden Erfolg. Die Gruppe spielt bald so gut, daß ihr Einsatz auch bei Veranstaltungen politischen Charakters gefordert wird. Dagegen erheben der Pfarrer und Richard Pampuri jedoch vehement Einspruch. Die Musikkapelle, die zu ihrem Namenspatron Papst Pius X. erwählt hat, sei, so machen es die beiden den erzürnten Honorationen wiederholt deutlich, ausschließlich für religiöse Zwecke ins Leben gerufen worden. Dadurch ziehen sie sich den Haß der örtlichen Parteiführung zu, den vor allem Richard Pampuri zu spüren bekommt. Als Repressalie veranstalteten ein paar besonders hitzige Elemente der faschistischen Partei, denn darum handelte es sich, einen Ball in einem Raum des Rathauses, der genau über der neuen Wohnung des Arztes lag. Praktisch will man damit dem Uneinsichtigen im wahrsten Sinne des Wortes auf dem Kopf herumtanzen. Dieser nimmt die Demütigung jedoch stillschweigend hin.

Mit dem faschistischen Gedankengut hatte sich Richard Pampuri übrigens nie anfreunden können. Obwohl er sich grundsätzlich von allen politischen Angelegenheiten fernhielt, gab es doch Situationen, in denen er seine Meinung ungeachtet der Gefahren, denen er sich damit aussetzte, offen aussprach. Die bezeichnendste Geste, die wir in diesem Zusammenhang kennen, bildet sein Austritt aus der Gewerkschaft der Amtsärzte. In einem Briefentwurf, der uns erhalten geblieben ist, heißt es: „Im letzten Teil von Artikel 5 steht geschrieben, daß in die Gewerkschaft der Amtsärzte keine Ärzte aufgenommen werden dürfen, die Parteien antinationalen Charakters, d.h. Parteien, die gegen die politischen Direktiven der faschistischen Partei sind, angehören. Da sich die anderen Parteien von der faschistischen Partei jedoch nur dadurch unterscheiden können, daß sie zumindest gegen das eine oder andere politische Ziel der faschistischen Partei sind, folgt, daß der Gewerkschaft nur solche Ärzte angehören können, die der faschistischen Partei beigetreten sind oder von allen anderen Parteien Abstand nehmen. Weil aber der Faschismus heute, genausowenig wie der Liberalismus gestern, den Alleinanspruch auf die Vaterlandsliebe erheben kann und ich der Überzeugung bin, daß ich meiner Vaterlandstreue auch durch die Mitgliedschaft in einer anderen Partei, die meinen moralischen und politischen Grundsätzen besser entspricht, zum Ausdruck bringen kann, erkläre ich hiermit meinen Austritt aus der obengenannten Gewerkschaft."

Die faschistischen Parteileute sind dem jungen Arzt noch aus einem anderen Grund böse gesinnt. Nach der Gründung der Musikkapelle war es ihm nämlich, erneut in Zusammenarbeit mit dem Pfarrer, gelungen, eine Jugendgruppe der Katholischen Aktion zu bilden, die sich ihrem Zugriff entzog. Das Vereinswesen war damals fast ausschließlich unter der Kontrolle des Regimes. Nur die katholischen Verbände und Vereine bildeten eine Ausnahme. Der Einfluß, den Richard Pampuri nicht nur auf die örtliche, sondern auch auf die Jugend der umliegenden

Dörfer ausübte, konnte den faschistischen Parteianhängern natürlich nicht willkommen sein.

Dessen ungeachtet veranstaltet der mutige Arzt zahlreiche Initiativen für und mit den Jugendlichen: Theateraufführungen, Musikabende, Bibelgespräche usw. In Triuggio hat er ein Exerzitienhaus der Jesuiten ausgemacht, wohin er die jungen Menschen in Gruppen führt. Oft übernimmt er selbst die Unkosten. Auch mehrere Familienväter gewinnt er für diese Initiative.

Der Einsatz, mit dem sich Richard Pampuri dem Laienapostolat und insbesondere der Jugendarbeit widmete, ist von Papst Johannes Paul II. in der Predigt, die er bei der Heiligsprechung hielt, ganz besonders hervorgehoben worden. Wir dürfen nicht vergessen, daß zur Zeit Richard Pampuris das Selbstverständnis des Laien in der Kirche noch nicht das Fundament hatte, auf das es später durch das Zweite Vatikanische Konzil gestellt worden ist. Um so mehr verdient sein Einsatz in diesem Bereich unsere Bewunderung.

Durch seine Tätigkeit in der Katholischen Aktion kommt Richard Pampuri natürlich mit vielen jungen Menschen, darunter auch Mädchen, in Kontakt. Er ist ein gut aussehender Mann, verfügt über eine angesehene Stellung, kurzum ist, um mit dem Volk zu sprechen, eine gute Partie. So kann es nicht ausbleiben, daß das eine oder andere Mädchen ein Auge auf den jungen Doktor wirft. Eines entschließt sich, sich ihm durch eine Vermittlerin zu offenbaren. Anscheinend handelte es sich dabei um die Tochter des Ärztlichen Leiters vom Krankenhaus in Abbiategrasso. Die Antwort, die der spätere Heilige darauf gibt, ist mehr als nur unter einem Gesichtspunkt von großer Bedeutung: „Ich kann Ihren sicher gut gemeinten und ehrenwerten Antrag nicht annehmen, weil ich mich nicht zum Ehestand berufen fühle. Zur Begründung dieser Entscheidung erlaube ich mir, auf die Worte des heiligen Paulus im ersten Korintherbrief hinzuweisen, wo es heißt: ‚Bist du ohne Frau, dann suche keine ... Der Unverheiratete sorgt sich um die Sache des Herrn; er will dem Herrn gefallen. Der Verheiratete sorgt sich um die Dinge der Welt; er will seiner Frau gefallen. So ist er geteilt.' Das Fräulein, deren Sache Sie vertreten, soll sich meine Antwort nicht zu Herzen nehmen. Sicher wird ihr der Herr, sollte er sie zum Ehestand berufen, einen würdigeren und besseren Bräutigam auszusuchen wissen als mich ..."

Richard Pampuri will Gott ungeteilt gehören. Der Wunsch, sich ganz dem Herrn zu schenken, läßt ihm keine Ruhe. Wie für viele andere Menschen gilt auch für ihn der berühmte Ausspruch von Paul Claudel: „Wer Christus in seinem Herzen trägt, hat einen Freund, der keine Ruhe gibt." Die Freundschaft mit Christus, die Ganzhingabe an Gott sind das Leitmotiv seines Lebens. In den Briefen an seine Schwester in Ägypten greift er dieses Thema immer wieder auf: „Nur für Gott, mit Gott und in Gott sein ... Was ist uns diese Erde anderes als Unterwegssein zum Vater ..." Die Liebe zu Gott und zum Nächsten bilden für ihn eine untrennbare Einheit: „Nichts kann uns näher zueinanderführen als die Liebe zu Gott. Wie könnten wir nämlich einander nicht lieben, wenn wir den Herrn lieben?"

Obwohl ihn der Onkel wiederholt daran erinnert, daß man auch im bürgerlichen Leben viel Gutes tun kann, kreisen seine Gedanken unablässig darum, wie er die Ganzhingabe an Gott und Nachfolge Christi am besten verwirklichen kann. Ein untrügliches Zeugnis dafür sind die Worte, mit denen er sich in einem Brief an seine Schwester wendet: „Aus meinem letzten Brief wirst Du erfaßt haben, daß ich mich immer wieder frage, wie ich unserem Herrn am besten dienen kann, und daß mir dabei oft das Ideal des Missionars vorschwebt. Aber meine körperliche und wohl noch mehr moralische Schwäche scheinen ein solches Vorhaben nicht zuzulassen. Und doch, wie gern würde ich mein Leben ganz Gott weihen, wenn er mir nur zeigen möchte, wie!" Einmal scheint der junge Doktor ganz nahe am Ziel zu sein. Er klopft bei den Jesuiten an und bittet um Aufnahme. Leider bewahrheiten sich aber seine Befürchtungen. Das ärztliche Gutachten spricht gegen eine Aufnahme.

Den Traum vom Ordensleben kann Richard Pampuri trotzdem nicht begraben. Ein paar Jahre später führt ihn die göttliche Vorsehung mit einem Mann zusammen, durch den dieser Traum schließlich doch noch Wirklichkeit werden sollte. Dieser Mann ist der Priester Don Riccardo Beretta. Ihn lernt Richard Pampuri im Missionsbüro der Erzbischöflichen Kurie von Mailand kennen, das Don Riccardo als Sekretär leitet. Zwischen den beiden entwickelt sich bald eine tiefe Freundschaft. Der Arzt wählt den erfahrenen Diözesanpriester zu seinem Seelenführer. In vielen langen Gesprächen erkennt dieser, wie ernst es dem jungen Doktor um seine Berufung ist. Deshalb wendet er sich an einen langjährigen Freund, P. Zaccaria Casteletti, der Provinzial der Barmherzigen Brüder in Mailand ist. Nach mehreren Vorgesprächen, bei denen dem Provinzoberen nichts verheimlicht wird, steht dessen Entschluß fest: Richard Pampuri kann und soll Barmherziger Bruder werden.

Im Orden der Barmherzigen Brüder

Die Ordensgemeinschaft der Barmherzigen Brüder erlangte 1572 ihre kirchliche Anerkennung. Ihr Stifter war der heilige Johannes von Gott, der 1495 in Montemor-o-Novo (Portugal) geboren wurde und am 8. März 1550 in Granada starb. Seine Geschichte und der Werdegang seines Ordens verdienen, hier kurz nachgezeichnet zu werden.

Nach einer abenteuerlichen Jugend und einem bewegten Leben als Soldat, Bauarbeiter und Buchhändler fand Johannes von Gott, aufgerüttelt durch die Predigten des heiligen Johannes von Avila, seine Berufung. Seine Umkehr erfolgte unter derart außergewöhnlichen Begleitumständen, daß man ihn für verrückt hielt und in eine Irrenanstalt einlieferte. Tief betroffen von den Bedingungen, in denen die Geisteskranken zu leben gezwungen waren, beschloß er nach seiner Entlassung, sein Leben ganz in den Dienst des kranken Menschen zu stellen. Er errichtete ein eigenes Hospital, in dem er sich mit Hilfe einer Schar mutiger Mitarbeiter der Kranken und Armen in einer neuen und revolutionären Form annahm.

Das Werk, das er begonnen hatte, wurde nach seinem Tod von seinen Nachfolgern fortgeführt. Die Kirche gab der neuentstandenen Gemeinschaft den Namen „Hospitalorden vom heiligen Johannes von Gott". Nach Spanien, Italien und Frankreich, verbreitete sich der Orden auch in den deutschsprachigen Ländern, wo seine Mitglieder unter dem Namen „Barmherzige Brüder" bekannt wurden. Getreu dem Auftrag ihres Stifters widmeten sich die Barmherzigen Brüder der Errichtung, Leitung und Verwaltung von Krankenhäusern. Wegen des besonderen Dienstes, den sie am Krankenbett erfüllten, wurde ihnen erlaubt, neben den klassischen Gelübden der Armut, Keuschheit und des Gehorsams auch das Gelübde der Hospitalität abzulegen. Aus den Reihen der Barmherzigen Brüder sind einige hervorragende Ärzte hervorgegangen. Für den deutschsprachigen Raum sei hier nur an P. Gabriel Graf von Ferrara erinnert. Die Medizin und der Gesundheitsdienst haben dieser Ordensgemeinschaft viel zu verdanken. Heute leitet der Orden weltweit 198 Gesundheitseinrichtungen, in denen über 30.000 Mitarbeiter beschäftigt sind.

Was konnte den Wünschen von Richard Pampuri näherkommen als ein Eintritt in den Orden der Barmherzigen Brüder. Hier konnte er sowohl seinem Arztberuf nachgehen, als auch den Ruf Gottes, den er immer stärker in sich gespürt hatte, erfüllen. Ein letztes Hindernis stellt sich ihm noch in den Weg. Er weiß, daß seine Schwester Rita, der Onkel und die Tante einem solchen gewagten Entschluß nie widerstandslos zugestimmt hätten. Deswegen trifft er die Vorbereitungen für seinen Eintritt in das klösterliche Leben in aller Heimlichkeit.

Am 6. Juni 1927 fährt er nach Mailand und verfaßt sein offizielles Aufnahmegesuch. Noch am selben Tag schreibt er an seine Verwandten und teilt ihnen seine Entscheidung mit. Mit dem Provinzoberen P. Zaccaria Casteletti ist er so verblieben, daß er vor dem Eintritt in das Ordensleben zwei Wochen in einem Haus der Barmherzigen Brüder zum besseren Kennenlernen seiner zukünftigen Tätigkeit verbringt. Dieser Aufenthalt soll zugleich als Erholungsurlaub dienen. Tags darauf befindet er sich schon in Solbiate Comasco, wo die Barmherzigen Brüder ein Kurhaus leiten. Von hier schreibt er an seine Schwester in Ägypten: „Als ich Dir vor wenigen Tagen das letzte Mal aus Torrino schrieb, wußte ich noch nicht, was für eine große Überraschung der Herr für mich bereithielt. Am 3. dieses Monats hatte ich ein Gespräch mit dem P. Provinzial des Hospitalordens vom heiligen Johannes von Gott..., der mich wissen ließ, daß er mich trotz meiner schwachen Gesundheit und der Nachwirkungen der Rippenfellentzündung gern in seine Ordensgemeinschaft aufgenommen hätte. Wie Du weißt, spüre ich schon seit längerer Zeit das Bedürfnis, meinem Leben eine feste Regel zu geben... Deswegen habe ich am 6. dieses Monats den entsprechenden Aufnahmeantrag gestellt... Große Sorge macht mir nur, daß ich mit diesem Entschluß, wie Du Dir vorstellen kannst, dem Onkel, der Tante und Rita großes Leid zufüge. Aber der Ruf des Herrn läßt mir keine andere Wahl." Der Kummer, den er seinen Verwandten mit diesem Schritt bereitete, muß den späteren Heiligen in einen schweren Gewissenskonflikt gestürzt haben. Wiederholt schreibt er ihnen und bittet um Verzeihung. Wir dürfen den Widerstand, den der Onkel, die Tante und seine Schwester leisteten, nicht falsch verstehen. Sie fürchteten vor allem für seine Gesundheit. Denn das Ordensleben war damals, sicher noch mehr als heute, mit großen Opfern und Entbehrungen verbunden.

Doch der Ruf des Herrn ließ ihm, wie wir soeben gehört haben, keine andere Wahl. Das scheint auch P. Zaccaria Casteletti verstanden zu haben. Bei der Aufnahme des jungen Arztes soll er so gesagt haben: „Auch wenn der junge Pampuri nur einen einzigen Tag dem Orden der Barmherzigen Brüder angehören sollte, sei er willkommen. Er wird uns auf Erden zur Erbauung dienen und uns im Himmel ein Schutzengel sein." Vergessen wir nicht, daß für Gott andere Maße als Zeit und Raum gelten. Dafür gibt es in der Kirche unendlich viele Beispiele.

Erwähnenswert erscheint mir in diesem Zusammenhang eine Begebenheit, die sich 1887 in Turin zutrug und in vielem mit dem Lebensschicksal von Richard Pampuri übereinstimmt. Damals hatte August Czartoryski, ein polnischer Edelmann, der zudem mit der Königin von Spanien verwandt war, bei Don Bosco angeklopft und ihn gebeten, in seine Ordensgemeinschaft eintreten zu dürfen. Der angegriffene Gesundheitszustand des Bittstellers (August Czartoryski starb sechs Jahre später an Tuberkulose) und seine hohe Abkunft schienen Don Bosco nicht gerade die geeignetsten Voraussetzungen für ein Leben in seiner Gemeinschaft zu sein. Deshalb wies er den Prinzen zunächst ab. Erst nachdem Papst Leo XIII. ausdrücklich auf dessen Aufnahme bestanden hatte, änderte Don Bosco seine Entscheidung. Der junge Pole erwies sich in der Folgezeit als einer seiner fähigsten Schüler, wurde Priester und entfaltete während der sechs Jahre, die ihm noch beschieden waren, eine äußerst fruchtbare und segensreiche Tätigkeit. Auch für ihn ist die Seligsprechung nur mehr eine Frage der Zeit.

Die Tatsache, daß ein Arzt den Ordensberuf wählte, schlug nicht nur in der näheren Umgebung von Richard Pampuri wie ein Blitz aus heiterem Himmel ein, sondern sorgte auch in der italienischen Lokalpresse für Schlagzeilen. Am 20. August 1927 erschien im „Corriere della Sera", Italiens größter Tageszeitung, ein Artikel, in dem unter dem Titel „Ein Arzt wird Ordensmann" ausführlich über den Lebensweg des jungen Arztes und seinen überraschenden Entschluß berichtet wurde.

Inzwischen war Richard Pampuri formell in den Orden der Barmherzigen Brüder aufgenommen und am 29. Juni 1927 als Postulant eingekleidet worden. Nach einer kurzen Zeit der Einschulung in Mailand wurde er in das Noviziatshaus in Brescia gegeben, wo er am 21. Oktober seine Ausbildung als Novize begann. Von nun an heißt er nicht mehr Erminio Filippo Dr. Pampuri, sondern ist für alle schlicht und einfach Frater Richard. Seinen neuen Ordensnamen hatte er aus Dankbarkeit gegen seinen Seelenführer und Wegbereiter Don Riccardo Beretta gewählt.

Für den Novizenmeister muß es keine leichte Aufgabe gewesen sein, den gebildeten Arzt in seine neuen Pflichten einzuführen. Neben dem theoretischen Unterricht, bei dem die Spiritualität, die Geschichte und das besondere Charisma des Ordens behandelt wurden, wurden die Novizen auch auf praktischer Ebene in dem Krankenhaus „St. Ursula" eingesetzt, das die Barmherzigen Brüder in Brescia leiteten. Zu ihren Aufgaben gehörte so zum Beispiel die allmorgendliche Reinigung des großen Krankensaales, die Grundpflege bettlägriger Patienten und eine Reihe anderer kleiner Handreichungen. Nie hat Frater Richard, wie uns aus verläßlicher Quelle überliefert worden ist, diese niedrigen Arbeiten als Demütigung empfunden. Im Gegenteil! Einen Mitnovizen, der beim Anblick besonders abstoßender Krankheitsformen seinen Abscheu nicht zu verbergen vermochte, ermahnte er: „Wenn schon unsere weltlichen Mitarbeiter nichts dabei finden, diese Arbeiten zu tun, wieviel mehr sind erst wir Ordensleute dazu verpflichtet."

Obwohl die Ordensoberen und noch mehr Richard Pampuri selbst den größten Wert darauf legten, daß er sein Noviziat wie jeder andere machte, konnte es nicht ausbleiben, daß er zunehmend als Arzt beansprucht wurde. Vor allem nachts und sonntags, wenn die anderen Ärzte des Krankenhauses abwesend waren, wurde er immer öfter zu den Patienten gerufen. Groß war dann gewöhnlich das Staunen der Kranken und ihrer Angehörigen, wenn sie den unscheinbaren Novizen vom vorigen Tag plötzlich im weißen Kittel fachmännisch eine Visite oder Behandlung durchführen sahen.

Für die Ärzte, die im Krankenhaus „St. Ursula" tätig waren, war Frater Richard sowieso ein Rätsel. Wie konnte man nur den Arztberuf aufgeben und stattdessen ein kleiner, unbedeutender Novize in einer Ordensgemeinschaft werden, muß sich wohl mehr als einer unter ihnen verständnislos gefragt haben. „Der ist verrückt, vollkommen verrückt", hieß es denn auch bald unter den Ärzten des „St. Ursula"-Krankenhauses. Allein, gegen seine Verrücktheit sprach sein ärztliches Fachwissen und diagnostischer Scharfsinn, von dem sie sich mit der Zeit immer mehr überzeugen konnten. Immer öfter kam es nämlich vor, daß der Primar bei der Visite Frater Richard, der gerade den Krankensaal kehrte, zu sich rief und ihn um seine Meinung bat. Als ob es nichts Natürlicheres auf der Welt gäbe, legte Frater Richard dann den Besen zur Seite, wusch sich die Hände und beriet mit den anwesenden Ärzten den ihm vorgelegten Fall.

Schließlich sahen auch der Novizenmeister und der Hausobere ein, daß sie es bei Frater Richard mit einem besonderen Fall zu tun hatten, und beschlossen, ihm die Leitung der zahnärztlichen Ambulanz zu übergeben, die an das Krankenhaus angeschlossen war. Mit dieser Aufgabe wurde Frater Richard aus einem ganz bestimmten Grund betraut, den wir im folgenden näher erläutern wollen.

Wie wir aus der zu Beginn dieses Kapitels kurz skizzierten geschichtlichen Darstellung über das Werden der Ordensgemeinschaft vom heiligen Johannes von Gott erfahren haben, widmeten sich die Barmherzigen Brüder seit jeher in besonderer Weise der Leitung und Verwaltung von Krankenhäusern. Während sie in den ersten Anfängen ihre Krankenhäuser unter jedem Gesichtspunkt völlig selbständig betrieben (also sowohl das Ärzte- wie auch das Pflegepersonal stellten), machte es die fortschreitende Entwicklung der Medizin mit der Zeit notwendig, in verstärktem Maß die Hilfe von weltlichem Personal in Anspruch zu nehmen. Das galt ganz besonders für den ärztlichen Bereich, in dem die Kenntnisse dauernd umfangreicher wurden und man deswegen ohne ein langes und eingehendes Studium nicht mehr bestehen konnte. Sicher hätten die Barmherzigen Brüder auch weiterhin eigene Brüder zu Ärzten ausbilden lassen können, was in vereinzelten Fällen auch geschah. Da die Barmherzigen Brüder ihren Dienst am kranken Menschen aber schon immer als besonderen Auftrag Gottes verstanden und erfüllten und deswegen am Krankenbett in erster Linie lebendige Zeichen seiner sorgenden Liebe sein wollten, überließen sie den ärztlichen Tätigkeitsbereich immer mehr den eigens dafür ausgebildeten Fachleuten.

In einem Fachbereich, eben der Zahnmedizin, sind sie jedoch noch bis vor kurzem tätig gewesen. Das mag einerseits darauf zurückzuführen sein, daß die Zahnmedizin über lange Zeit unter den Ärzten als niedrigere Kunst galt, für deren Ausübung es nicht einmal den Doktortitel brauchte. Andererseits wissen wir alle, welchen Schmerz ein kranker Zahn verursachen kann und wie dankbar man in dieser Lage für jede Hilfe ist. Vielerorts ist der Name der Barmherzigen Brüder unlösbar mit der Vorstellung vom Gang zum Zahnarzt verbunden geblieben. Das gilt genauso für Rom wie für Wien und viele andere Städte.

Diese Tradition sollte also mit der Beauftragung von Frater Richard seine Fortsetzung finden. In Italien war nämlich, wie übrigens in fast allen anderen europäischen Ländern, in den 20er Jahren eine neue gesetzliche Regelung eingeführt worden, die besagte, daß jedwede zahnärztliche Behandlung nur mehr von Ärzten mit dem Doktortitel durchgeführt werden durfte. Am 3. Mai 1928 schreibt Richard Pampuri deswegen an den Präfekt von Brescia: „Hiermit darf ich Ihnen mitteilen, daß ich ab heute die Leitung der zahnärztlichen Ambulanz für die Armen übernehme, die an das Krankenhaus ‚Fate Bene Fratelli' in der Via Giordano Bruno 46 angeschlossen ist. Die Ambulanz ist von 9.00 bis 12.00 Uhr vormittags und von 13.30 bis 14.30 Uhr sowie von 16.00 bis 18.00 Uhr nachmittags geöffnet."

Frater Richard erwartet, wie wir aus den soeben aufgeführten Öffnungszeiten ersehen können, keine leichte Aufgabe. Zudem ist diese Tätigkeit für ihn völlig neu. Rechnen wir noch hinzu, daß er als Ordensmann viele andere Pflichten zu erfüllen hatte, läßt sich der Erschöpfungszustand, in dem ihn seine Mitnovizen am Abend antrafen, leicht vorstellen. Trotzdem blüht er in seiner neuen Umgebung, wie uns von mehreren Seiten berichtet wird, förmlich auf. Nichts ist ihm zuviel. Da seine Patienten, wie ehedem in Morimondo, auch hier fast durchwegs aus ärmlichen Verhältnissen kommen, beschränkt sich Frater Richard nicht nur darauf, Zähne zu ziehen und kranke Wurzeln zu behandeln, sondern hilft auch sonst, wo er kann.

Die Freigebigkeit des jungen Arztes spricht sich bald herum. So kommen in seine Ambulanz, wie es später einmal einer seiner Mitbrüder bildhaft ausgedrückt hat, nicht nur Patienten, die von Zahnschmerzen geplagt sind, sondern auch Arme, die zwar gesunde Zähne, aber nichts „zum Beißen" haben. Auf seine Initiative beschließt der Konvent deshalb, neben der Zahnambulanz eine Armenspeisung einzurichten.

Das erste Jahr im Kloster verfliegt im Nu. Am 24. Oktober 1928, am Fest des heiligen Erzengels Raphael (das heißt übersetzt: Arznei Gottes), darf Frater Richard die einfachen Ordensgelübde ablegen. Voller Freude berichtet er davon seiner Schwester in Ägypten: „Nun sind wir durch das gemeinsame Band der heiligen Gelübde endlich ganz Bruder und Schwester in der Liebe und im Dienst Gottes geworden. Trotz der vielen hundert Kilometer, die uns voneinander trennen, wissen wir jetzt, was es bedeutet und wie schön es ist, wenn Brüder in Eintracht beisammen wohnen. Denn nur im göttlichen Herzen und in der Gemeinschaft der Heiligen können unsere Seelen Frieden und Glückseligkeit finden."

Nach der Profeß betrauen ihn seine Oberen mit einer neuen Aufgabe, die in vielerlei Hinsicht noch anspruchsvoller als seine Tätigkeit in der Zahnambulanz ist, die Frater Richard im übrigen nebenbei weiterführt. Er soll seinen jungen Mitbrüdern Unterricht erteilen und sie auf das Examen für das Krankenpfleger-Diplom vorbereiten. Auch im Bereich der Ausbildung der Krankenpfleger kann der Orden der Barmherzigen Brüder auf eine traditionsreiche Vergangenheit zurückblicken (vgl. Die Krankenpflegeschulen im Hospitalorden des hl. Johannes von Gott, Hermenegild Strohmayer, Johann von Gott Verlag – München).

Mit der gewohnten Gewissenhaftigkeit geht Frater Richard an seine neue Aufgabe heran. Obwohl er als Arzt mit den Grundkenntnissen, die sich ein Krankenpfleger zueigen machen muß, bestens vertraut ist, läßt er sich das Lehrbuch „Die Ausbildung des Krankenpflegers" schicken, um sich selbst eingehend mit den verschiedenen Fragen des Krankenpflegeberufs auseinanderzusetzen. Für die jungen Mitbrüder gestaltet sich der Unterricht von Frater Richard bald zu einem besonderen Ereignis. Bei der Erläuterung der anatomischen Beschaffenheit des Menschen weist der junge Lehrer immer wieder auf die Herrlichkeit der Schöpfung Gottes hin, lehrt sie, Respekt vor allen Formen des Lebens zu haben und hört nicht auf, die Würde des kranken Menschen hervorzuheben. Das geht soweit, daß einer unter den Mitbrüdern einmal herausplatzt: „Machen wir nun Anatomie oder Theologie?"

Inzwischen hatte sich Frater Richard besonders in kirchlichen Kreisen einen großen Namen als Arzt gemacht. Immer mehr Ordensleute, Priester und Seminaristen wollten nur mehr von ihm untersucht und behandelt werden. Die Umsicht und Behutsamkeit, mit der er zu Werke ging und seine Fragen zu stellen wußte, brachte ihm die Wertschätzung zahlreicher kirchlicher Stellen ein und ließ den Andrang immer stärker anschwellen. Was das an zusätzlicher Belastung für den ohnehin schwächlichen Ordensmann bedeutete, kann man sich gut vorstellen.

Die Leitung der Zahnambulanz, der Unterricht bei den Mitbrüdern, die Tätigkeit als Vertrauensarzt, der ärztliche Nachtdienst und die vielen Pflichten des Ordenslebens konnten auf die Dauer nicht ohne Folgen für die angeschlagene Gesundheit von Frater Richard bleiben. Ende 1928 wurde er deshalb von den Oberen zu einem kurzen Erholungsurlaub nach Torrino entlassen. Obwohl er in der Folgezeit wieder an seinen Platz in der Zahnambulanz zurückkehren konnte, blieb sein Zustand von diesem Zeitpunkt an dauernd besorgniserregend. Noch im Frühjahr 1929 erlitt er einen schweren Blutsturz. Nun konnte kein Zweifel mehr daran bestehen, daß die Rippenfellentzündung, die er sich im Krieg zugezogen hatte, in eine böse Form von Tuberkulose ausgeartet war.

Krankheit und Tod

„Lieber Giovanni, mit großem Bedauern habe ich von Deiner Krankheit erfahren. Aber ich bin sicher, daß Du Dich davon mit der Hilfe Gottes vollständig erholen wirst. Ich hoffe, daß Dich diese Prüfung des Herrn nicht allzu sehr verängstigt hat. Du weißt ja, daß er gerade die, die er am meisten liebt, durch die Auferlegung eines Kreuzes auf die Probe zu stellen pflegt. Damit will er, daß wir uns ihm als seine Söhne gleichgestalten und durch unser Leiden an seinem Heilswerk teilnehmen ... Betrachte Deine Krankheit also als ein Opfer, das Du für Dich und Deine Mitmenschen bringst. Dadurch wirst Du nicht nur den Willen Gottes tun, sondern auch die notwendige innere Ruhe und Gelassenheit finden, um schnell und vollkommen zu genesen ..."

Mit diesen Worten wandte sich Frater Richard Ende 1928 an seinen Neffen Giovanni, der wegen einer schweren Krankheit sein Studium unterbrechen hatte müssen. Dieser Brief ist vor allem deswegen von größter Bedeutung, weil er die Einstellung erhellt, mit der Richard Pampuri das Leiden der Menschheit im allgemeinen und seine Krankheit im besonderen sah. „Die Krankheit ist eine verschlüsselte Botschaft Gottes" – diese Sicht ist, wie wir nicht nur aus dem oben angeführten Auszug ersehen können, für sein Denken bestimmend. Das Geheimnis des menschlichen Leidens stellt sich ihm vor allen anderen Dingen als religiöse Frage. Der Arzt tritt hinter dem gläubigen Christen zurück, auch wenn, wie die Fortsetzung des Briefes zeigt, die Hilfe der ärztlichen Wissenschaft, wie könnte sie auch, in keiner Weise in Frage gestellt wird. „Solltest Du, wenn Du nach Mailand kommst, Dich noch einmal untersuchen lassen wollen, um den Verlauf und die Wirkung der Therapie einer Kontrolle zu unterziehen, wozu ich nur raten kann, könntest Du Dich an einen hervorragenden Kollegen von mir, und zwar Dr. Antonio Nebuloni, wenden, der Dich nach bestem Wissen und Gewissen beraten wird..."

Als Arzt wußte Richard Pampuri natürlich, daß seine Krankheit in der Mehrzahl der Fälle einen tödlichen Verlauf nahm. Sicher hat er sich diesen Tatbestand nicht verheimlicht. Wenn er in seinen Briefen Verwandten und Freunden trotzdem immer wieder versicherte, daß es ihm gut ging, so kann der Grund dafür nur darin gesucht werden, daß er sie nicht unnötig belasten wollte. Mit dem Onkel, der Arzt wie er selbst war, unterhält er sich in der typischen Fachsprache der Ärzte: „Schwankende Fieberkurve, starker Schüttelfrost am Morgen, Husten, Röntgenbild negativ, Geräusche in der linken Brustkammer usw." Nie ein Wort des Aufruhrs oder gar der Verzweiflung.

Der sprunghafte Verlauf der Krankheit gibt immer wieder Anlaß zur Hoffnung. Als seine Tante Maria bei einer dieser unvorhergesehenen Wendungen das Versprechen ablegt, daß sie ihr gesamtes Hab und Gut verschenken würde, wenn er nur wieder gesund würde, weist sie Frater Richard streng zurecht: „Gott allein weiß, was aus mir werden soll. Ist es sein Wille, daß ich am Leben bleibe, werde ich bei euch bleiben. Ruft er mich zu sich, werde ich gern seinem Ruf folgen."

Trotz der fortschreitenden Verschlechterung seines Gesundheitszustandes eilt Frater Richard, wann immer es ihm möglich ist, an seinen Posten in der Zahnambulanz. Oft ist er nur unter dem ausdrücklichen Hinweis auf das Gehorsamsgelübde dazu zu bewegen, sich zu schonen. Zur Untätigkeit verurteilt zu sein, ist, wie wir wissen, oft das, was am schwersten an einer Krankheit zu ertragen ist. Frater Richard muß darunter ganz besonders gelitten haben.

Im Sommer 1929 schicken ihn seine Oberen zu einem Kuraufenthalt nach Görz und lassen ihn darauf für längere Zeit unter der Obhut von Onkel und Tante in Torrino. Hier blüht Frater Richard ein letztes Mal auf. Sein Zustand bessert sich sogar soweit, daß er Anfang 1930 zu seinen Mitbrüdern nach Brescia zurückkehren und den Dienst in der ihm so lieb gewordenen Zahnambulanz wieder vorübergehend aufnehmen kann. Doch die Besserung erweist sich als ein kurzes Strohfeuer. Am 3. April veranstaltet der Konvent zu seinem Namenstag ein kleines Familienfest, zu dem Frater Richard bereits auf einem Sessel getragen werden muß. Die Medikamente, mit denen ihn die Ärzte behandeln (vor allem Bronchofil, Chinamin und Antipirin, Antibiotika gab es damals noch nicht), zeigen keine Wirkung mehr.

Als seine Verwandten merken, daß das Ende unmittelbar bevorsteht, bitten sie die verantwortlichen Ordensoberen, Frater Richard in das Krankenhaus „San Giuseppe" in Mailand überführen zu lassen, wo sie es näher zu ihm haben und sich seiner besser annehmen können. Der Wunsch wird ihnen erfüllt und Frater Richard am 18. April nach Mailand gebracht. Hier bereitet er sich, liebevoll umsorgt von seinen Angehörigen und Mitbrüdern, auf den Tod vor. Daß sein Tod nur mehr eine Frage der Zeit war, mußte Frater Richard schon seit längerem gespürt haben. Am 29. März 1930 schreibt er seiner Schwester in Ägypten zwar noch, daß es ihm gut gehe, zugleich sendet er jedoch schon an Freunde und Bekannte die traditionellen Osterwünsche, obwohl es bis Ostern noch weit war. Am 10. April richtet er einen kurzen Brief an seine jungen Freunde von der Katholischen Aktion, der wie ein Abschiedsbrief klingt: „Seid nicht so sehr um eure zahlenmäßige Stärke besorgt, sondern haltet vor allem eure Glaubenstreue, euren apostolischen Einsatz und die Liebe zu den Sakramenten hoch." Das ist sein letzter Brief.

Am 1. Mai 1930 entschläft Richard Pampuri mit dem Beistand der Sterbesakramente sanft und friedvoll im Herrn. In den letzten Tagen hatte er immer wieder gefragt, wie weit es noch bis zum Mai wäre. Zur Gottesmutter, der dieser Monat im Kirchenjahr ja im besonderen gewidmet ist, hatte er nämlich ein ganz besonders inniges Verhältnis. Deswegen war es sein sehnlichster Wunsch gewesen, unter dem Schutz der Seligen Jungfrau zum Herrn heimgehen zu dürfen. Der Wunsch wurde ihm erfüllt.

Am darauffolgenden Sonntag, den 4. Mai, wurde Frater Richard in der Krankenhauskapelle aufgebahrt, wo sein langjähriger Freund und Seelenführer Don Riccardo Beretta im Beisein der Mitbrüder nach den Vorschriften des Ordens eine feierliche Totenmesse zelebrierte. Anschließend wurde der Leichnam nach Torrino überführt. Dort hatte sich bereits seit etlichen Stunden eine große Menschenmenge angesammelt. Obwohl Frater Richard Pampuri seit drei Jahren Land und Leute verlassen hatte, um Gott in der Stille des klösterlichen Lebens inniger dienen zu können, war die Erinnerung an ihn unter der Bevölkerung nach wie vor äußerst lebendig. Die Nachricht von seinem Tod hatte sich in Windeseile herumgesprochen. Von nah und fern waren deshalb die Freunde und Bekannten des Verstorbenen in großer Zahl zusammengeströmt, um ihm die letzte Ehre zu erweisen. Doch das Beeindruckendste waren, wie später von einem Trauergast berichtet wurde, die vielen unbekannten Gesichter, die sich unter die Trauergemeinde gemischt hatten.

Der einfache Holzsarg, in dem Frater Richard beigesetzt zu werden gewünscht hatte, wurde von den Jugendlichen der Katholischen Aktion von Torrino bis zum Friedhof von Trivolzio getragen. Nach Auskunft eines Augenzeugen war die Spitze des Trauerzuges schon längst in dem über 4 km entfernten Trivolzio angekommen, als der Sarg immer noch in Torrino stand. Nie habe man in der näheren und weiteren Umgebung ein Begräbnis mit einer derart großen Beteiligung gesehen, so die Aussage eines anderen Augenzeugen. Unter den Trauernden befanden sich mehrere Mitstudenten aus der Zeit in Pavia, eine Vertretung der Studentenverbindung „Severinus Boetius", zahlreiche Ärzte, Ordensleute und Priester, die Freunde der Katholischen Aktion und natürlich beinahe die gesamte Bevölkerung von Morimondo und Torrino.

Nach der feierlichen Beisetzung wandte sich der Propst von Trivolzio mit folgenden Worten an die Trauergemeinde: „Heute sind wir hier zusammengekommen, um Frater Richard auf den Friedhof zu begleiten. Aber es wird ein Tag kommen, wo wir ihn von hier abholen und in eine Kirche übertragen werden dürfen." Dieser Tag sollte schneller kommen, als man in den kühnsten Erwartungen gehofft hatte.

Wirkung

Der erste, der sich konkret davon überzeugen konnte, daß mit Frater Richard ein heiligmäßiger Mann zu Gott heimgegangen war, war der Friedhofswächter von Trivolzio. Gleich nach dem feierlichen Begräbnis mußte er immer wieder das Erdreich an Frater Richards Grab auffüllen. Ein Häuflein Erde davon galt nämlich den Pilgern, die von nun an immer zahlreicher zu seinem Grab strömten, schon bald als kostbare und wundertätige Reliquie. Daß es sich bei Frater Richard um einen Heiligen handelte, war im übrigen bereits zu seinen Lebzeiten mehr oder weniger offen ausgesprochen worden. So hatten zum Beispiel schon in Brescia, als er noch die Zahnambulanz leitete, zahlreiche Mütter ihre Kinder von ihm segnen lassen wollen. Nach seinem Tod wurde diese Vermutung immer mehr zur Gewißheit.

Das erste wunderbare Ereignis, das uns aus verläßlicher Quelle überkommen ist, trug sich einige Monate nach seinem Tod in Mailand zu. Eine alte Frau, die unter einer schweren Gelenkentzündung litt und sich kaum auf ihren aufgeschwollenen Beinen halten konnte, wandte sich an Schwester Cherubina Biffi, die damals den Kleiderbestand der Barmherzigen Brüder in Ordnung hielt, und bat sie um etwas Warmes zum Anziehen. Auf Anweisung des P. Priors gab die Schwester der Frau den Habit von Frater Richard, der aus Angst vor einer eventuellen Ansteckungsgefahr weggesperrt worden war. Ein paar Wochen später meldete sich die Bettlerin wieder bei der Schwester. Sie war kaum wiederzuerkennen. Die Gelenkentzündung war verschwunden, die ehemals aufgeschwollenen Beine fest und straff.

In den folgenden Jahren häuften sich die Nachrichten von wunderbaren Heilungen und unerklärlichen Vorgängen. Die Verehrung des ehemaligen Arztes nahm immer mehr zu und drang alsbald auch über die Grenzen Italiens hinaus. In der Kirchenpresse erschienen wiederholt Berichte und Artikel, in denen Leben und Werk von Frater Richard dargestellt und gewürdigt wurden. Sein Bild zierte immer mehr Häuser der Barmherzigen Brüder.

Angesichts dieser Entwicklung beschloß die Ordensleitung schließlich im Jahr 1947, den Vorgängen auf den Grund zu gehen und die Mitteilungen, die hinsichtlich der wundertätigen Wirkkraft von Frater Richard bekannt geworden waren, auf ihren Wahrheitsgehalt zu prüfen. Nach zweijährigen Forschungsarbeiten, die vom Generalpostulator des Ordens P. Gabriele Russotto durchgeführt wurden, war allen Beteiligten klar, daß die gesammelten Zeugenaussagen mehr als überzeugend waren und einer Aufnahme des in solchen Fällen vom Kirchenrecht vorgesehenen Verfahrens nichts im Wege stand. Aus diesem Grund wurde am 1. April 1949 unter Kardinal Ildefons Schuster beim kirchlichen Gerichtshof von Mailand der Informativprozeß eingeleitet, der zwei Jahre später erfolgreich abgeschlossen werden konnte. Infolge dieser Entwicklung durften die Gebeine von Frater Richard Pampuri am 16. Mai 1951 in die Pfarrkirche von Trivolzio übertragen werden. Hier fand der Diener Gottes neben dem Taufbecken seine neue Ruhestätte. Obwohl die Übertragung ursprünglich nur in einem kleinen Kreise stattfinden sollte, verbreitete sich die Nachricht davon derart schnell, daß schlußendlich eine große Menschenmenge an der Zeremonie teilnahm. Die Voraussage des Propstes hatte sich bewahrheitet.

Nachdem in Mailand alle betreffenden Rechtsschritte vorschriftsmäßig zum Abschluß gebracht worden waren, blickte man nun gespannt nach Rom, wo seit alters her eine kirchliche Behörde höherer Instanz über die Aufnahme besonders verehrungswürdiger Menschen in das Verzeichnis der Heiligen befindet: die Kongregation für Selig- und Heiligsprechungen. Um in die Gemeinschaft der Heiligen eintreten zu können, müssen natürlich eine ganze Reihe von Voraussetzungen erfüllt werden. Die wichtigste Voraussetzung ist, daß von dem Anwärter auf die Ehre der Altäre erwiesenermaßen eine wundertätige Wirkkraft ausgeht.

Die erste wunderbare Heilung, die von der obengenannten Kongregation im Zusammenhang mit Richard Pampuri offiziell anerkannt wurde, ereignete sich am 18. Mai 1952 in Görz. Dort wurde der 55jährige Adeodato Comand mit dem dringenden Verdacht auf eine perforierende Bauchfellentzündung in das Krankenhaus eingeliefert. Sein Zustand erschien den behandelnden Ärzten sofort äußerst kritisch. Nachdem ein operativer Eingriff erfolglos blieb, gaben die Ärzte den Patienten auf. Die Angehörigen und Freunde des Schwerkranken wandten sich darauf an Frater Richard Pampuri, auf dessen Fürsprache Adeodato Comand „augenblicklich, vollständig und andauernd" geheilt wurde, wie später das mit der Prüfung der Heilung beauftragte Ärztekonsilium einstimmig befand.

Die zweite anerkannte Heilung geschah an dem Mailänder Architekten Ferdinando Michelini. Dieser war während des Zweiten Weltkrieges mehrere Jahre in einem deutschen Konzentrationslager in Haft gewesen und hatte aus dieser Zeit ein schweres Magenleiden davongetragen. Am 15. September 1959 mußte er unter großen Schmerzen ins

Krankenhaus gebracht werden. Die Diagnose ließ wenig Hoffnung: Darmverschluß. Auch in diesem Fall wurde erfolglos ein chirurgischer Eingriff unternommen. Da half erneut der himmlische Arzt Frater Richard Pampuri.

In beiden Fällen kam das Ärztekonsilium des Heiligen Stuhls zu dem Schluß, daß „die eingetretene Heilung, deren Verlauf und äußere Modalitäten nach dem derzeitigen Stand der Wissenschaft nicht erklärt werden können." Doch bis zur ordentlichen Aufnahme des Verfahrens, das zuerst zur Selig- und dann zur Heiligsprechung von Frater Richard führen sollte, verstrichen noch etliche Jahre. Am 10. Juli 1970 war es dann endlich soweit. An diesem Tag wurde das Dekret über die Eröffnung des Apostolischen Prozesses erlassen, der 1971 zum Abschluß kam. Nun galt es, den Beweis für die Heroizität der Tugenden des Dieners Gottes zu erbringen. Diese umfangreiche und mühsame Arbeit konnte 1978 vorgelegt werden. Papst Paul VI. erkannte die Beweiskraft der gesammelten Dokumentation an, indem er am 12. Juni 1978 das Dekret über die Heroizität der Tugenden veröffentlichte.

Die Anerkennung der beiden Wunder und die Bestätigung der Heroizität der Tugenden veranlaßten Papst Johannes Paul II. am 30. März 1981 das Approbationsdekret für die Seligsprechung von Frater Richard Pampuri zu erlassen, die noch am 4. Oktober desselben Jahres auf dem Petersplatz in Rom stattfand.

Die Würdigung, die dem Barmherzigen Bruder und Arzt in der Gemeinschaft der Kirche zuteil geworden war, sollte in der Folge auch durch verschiedene äußere Zeichen besser zur Geltung gebracht werden. So ließ zum Beispiel Kardinal Martini zu Ehren des Seligen eine Statue an der Fassade des Mailänder Domes aufstellen. Auch in seinem Heimatort wollte man den neuen Seligen durch eine besondere Geste ehren. Dies geschah dadurch, daß man die Gebeine von Frater Richard in der Pfarrkirche von der Taufkapelle, wohin sie 1951 übertragen worden waren, näher zum Hauptaltar hin in die Antoniuskapelle übertrug. Als Mitglied des Dritten Ordens vom heiligen Franziskus von Assisi hatte Frater Richard, wie wir uns erinnern werden, ja den Namen „Bruder Antonius" angenommen, sodaß die Wahl der neuen Ruhestätte nicht ganz ohne Absicht gewesen sein dürfte. Der Wundertäter aus Padua und der Landarzt von Morimondo bilden seitdem ein heiliges Zweigespann, bei dem nicht nur die Menschen von Trivolzio und den benachbarten Orten Trost und Zuflucht suchen, sondern auch zahlreiche Pilger, die von weit her kommen.

Die letzte Etappe auf dem Weg in die Schar der Heiligen begann für Frater Richard zig-hundert-Kilometer von seinem einstmaligen Lebens- und Schaffensbereich entfernt in einem kleinen Dorf in Spanien, Alcadozo genannt. Dort hatte sich der zehnjährige Manuel Cifuentes Rodenas am 4. Januar 1982 bei Holzarbeiten eine gefährliche Verletzung am linken Auge zugezogen. Der Hausarzt verwies die Eltern des Kindes, nachdem er die Verletzung gesehen und behelfsmäßig verbunden hatte, sofort an einen Spezialisten in der benachbarten Stadt Albacete, Dr. Juan Ramon Perez. Dieser diagnostizierte eine ausgedehnte Rißwunde am linken Auge, von der mindestens ein Drittel der Hornhautstärke betroffen war. Er verschrieb dem kleinen Patienten Tropfen, eine Salbe und vor allem Beruhigungsmittel, da Manuel das verletzte Auge auf keinen Fall berühren durfte. Den besorgten Eltern eröffnete er im Vertrauen, daß der Bub höchstwahrscheinlich operiert werden müsse, da die Gefahr bestand, daß sich ein Leukom bildete, von dem das Sehvermögen unwiederbringlich beeinträchtigt werden könnte. Im geheimen dachte er sogar, wie er später dem Ärztekonsilium des Vatikans in einem ausführlichen ärztlichen Bericht mitteilte, daß eine Hornhautverpflanzung durchgeführt werden müsse.

Zuhause angekommen, klagte Manuel über große Schmerzen und ließ niemand an sein verletztes Auge heran. Vergeblich versuchte die Mutter, dem Buben nach den Anweisungen des Arztes die Tropfen einzuträufeln und die Salbe aufzutragen. Trotz der Beruhigungsmittel wurde er immer unruhiger. Da erinnerte sich der Vater, daß sich im Hause die Reliquie eines Heiligen befand. Dabei handelte es sich um eine Stoffreliquie Richard Pampuris (niemand im Haus wußte damals, wer Richard Pampuri sei, infolgedessen konnten die Cifuentes auch nicht wissen, daß er noch nicht heiliggesprochen war). Diese Reliquie wurde dem Buben über Nacht neben das verletzte Auge gelegt. Als der Vater am nächsten Tag in aller Frühe nach Manuel sehen wollte, fand er ihn aufgerichtet in seinem Bett. Die Schmerzen waren verschwunden. Nach kurzem Zögern beschloß man deswegen, den Verband abzunehmen. Groß war die Überraschung der Eltern dann, als sie merkten, daß von der Verletzung nicht mehr die geringste Spur zu sehen war.

Die Cifuentes, die tiefgläubige Leute sind, glaubten sofort an ein Wunder. Die beiden Ärzte, die den Buben am Tag davor untersucht und behandelt hatten, staunten zwar ebenso, versuchten das Geschehen aber vorerst aus wissenschaftlicher Sicht zu deuten. Selbstheilungen dieser Art sind nämlich gut möglich. Aber bei der Schwere der Verletzung hätte zumindest eine Narbe bleiben müssen. Ganz zu schweigen davon, daß die Heilung praktisch über Nacht und ohne äußeres Zutun vonstatten gegangen war. Die beiden Ärzte gingen mit einem Kopfschütteln wieder zur Tagesordnung über, die Familie behielt das Geheimnis zunächst für sich. Erst als die Cifuentes zufällig durch eine Zeitschrift erfuhren, daß Richard Pampuri dem Orden der Barmherzigen Brüder angehört hatte, beschlossen sie, die spanische Ordensleitung darüber zu informieren, welche ihrerseits das Generalat in Rom in Kenntnis setzte.

Erneut wurde der Fall der Kongregation für Selig- und Heiligsprechungen zur Prüfung vorgelegt. Damit ein Seliger heiliggesprochen werden kann, bedarf es nämlich eines dritten Wunders. Die unerklärliche Heilung wurde vom verantwortlichen Ärztekonsilium in zwei Durchgängen nach allen Seiten hin durchleuchtet. Dann stand fest: Die Heilung war nach dem derzeitigen Erkenntnisstand der medizinischen Wissenschaft nicht erklärbar. Zu diesem Schluß kam das Ärztekonsilium am 14. April 1988. Am 2. Dezember 1988 wurde die wunderbare Heilung auf dem Sonderkongreß der Theologiekonsultoren noch einmal eingehend geprüft. Als am 17. Januar 1989 auch die ordentliche Versammlung der Kardinäle und Bischöfe das Wunder bestätigten, war klar, daß Frater Richard Pampuri den Weg in die Gemeinschaft der Heiligen gefunden hatte. So kam es denn auch: Am 1. November 1989 wurde er von Papst Johannes Paul II. feierlich heiliggesprochen und der Gemeinschaft aller Gläubigen als nachahmenswertes Vorbild geschenkt.

Geistiges, ethisches und spirituelles Profil

Zu Beginn dieser Lebensbeschreibung haben wir uns die Frage gestellt, welche außergewöhnlichen Eigenschaften Frater Richard Pampuri zu einem Heiligen werden ließen. Auf diese Frage wollen wir im folgenden noch einmal rückblickend zurückkommen und eine detaillierte Antwort zu geben versuchen. Dabei werden wir uns insbesondere auf die umfangreiche Arbeit stützen, die vom Generalpostulator des Ordens der Barmherzigen Brüder P. Gabriele Russotto, der die Heiligsprechung von Frater Richard Pampuri leider nicht mehr erleben konnte, zum Nachweis seiner außerordentlichen Tugendhaftigkeit erstellt und der Kongregation für Selig- und Heiligsprechungen vorgelegt wurde. Diese Schrift nennt sich in der Kirchensprache traditionsgemäß „Positio super virtutibus".

Es ist bereits eingangs darauf hingewiesen worden, daß Richard Pampuri von früh auf mit der besonderen Gabe begnadet war, in allen und allem Gott zu begegnen. Sein Neffe Alessandro, der später auch Arzt wurde, gab vor dem Kirchengericht an: „Er sprach von Gott und der Gottesmutter, wie man von seinem Vater und seiner Mutter spricht. Es war, als ob sie für ihn seit jeher vertraute Personen wären. Ich schaute ihn dann immer bestürzt an, denn für mich war Gott eine große Sache, die außerhalb meiner Vorstellungskraft lag und sich gedanklich nicht fassen ließ. Für ihn handelte es sich hingegen um eine Erfahrung, die ihn auf Schritt und Tritt begleitete, und die er nie missen mochte..."

Die Empfänglichkeit für Gott ist ein Geschenk Gottes an den Menschen. Gott hat die Menschen mit der Freiheit ausgestattet, sich für oder gegen ihn zu entscheiden. Viele von uns schleichen sich ihr ganzes Leben lang an dieser Entscheidung vorbei. Richard Pampuri antwortete dagegen, wie viele andere Menschen, mit einem bedingungslosen Ja. Daß sein Ja nicht die Frucht eines Tages war, konnten wir auf den vorhergehenden Seiten immer wieder feststellen. Denn dieses Ja muß tagtäglich erneuert und hinterfragt werden. Es will ständig weiterentwickelt und vertieft werden. Die Kraft dazu können wir schöpfen im Gebet, in der Meditation und den heiligen Sakramenten. Das Gebet, die Meditation und ganz besonders die Eucharistie waren für Frater Richard unentbehrliche Quellen zur Vertiefung seiner Gotterfahrung und Glaubensvervollkommnung. Seine Versenkung in Gott erreichte mit der Zeit eine derartige Tiefe, daß er, wie man sich später unter seinen Mitbrüdern erzählte, oft vollkommen das Gefühl für Zeit und Raum verlor und förmlich in die Wirklichkeit zurückgeholt werden mußte. Sein verklärtes Gesicht und seine innere Zugewandtheit beim Gebet in der Kirche war schon den Jugendlichen der Katholischen Aktion von Morimondo aufgefallen.

Der Verlust der Fähigkeit, Gott im Gebet und in der christlichen Meditation zu suchen, ist erst unlängst von Kardinal Ratzinger in einer bedeutsamen Schrift untersucht worden. Diesem Verlust versuchen immer mehr Menschen durch die Annahme östlicher Meditationsübungen zu begegnen. Selbst viele Christen scheinen den Bezug zur christlichen Gebetstradition verloren zu haben. Dieser Leere setzt man dann oft einen krankhaften sozialen Aktivismus entgegen. Das soll kein Vorwurf sein, sondern eher als Alarmsignal verstanden werden. Richard Pampuri bietet sich in diesem Zusammenhang als ein ideales Vorbild an. Als Arzt hätte er guten Gewissens seine Beziehung zu Gott im Dienst am leidenden Menschen als ausreichend verwirklicht betrachten können. Er war sich jedoch bewußt, daß er erst aus der persönlichen Begegnung mit Gott heraus dienend auf den Mitmenschen in Not zugehen konnte. Gottesliebe und Nächstenliebe waren ihm eins. Das eine konnte ohne das andere nicht existieren: „Wie könnten wir den einen Gott lieben, uns untereinander aber nicht in Liebe begegnen?" schrieb er an die Schwester in Ägypten. Die Liebe zu Gott galt ihm als einigendes und gemeinschaftsstiftendes Band, aber vor allem als Kraft, um das unzugänglichste Geheimnis des menschlichen Daseins ertragen und in seiner Dunkelheit vertrauensvoll annehmen zu können: das Leiden.

Über diesen Aspekt ist bei der Debatte über die Tugendhaftigkeit von Frater Richard viel diskutiert worden. Man muß nämlich wissen, daß es bei den Heiligsprechungsverfahren, wie bei richtigen Gerichtsverfahren, neben der Seite, die für die Heiligsprechung plädiert, immer auch eine Gegenpartei gibt. Für letztere hat sich bis heute in der Kirchensprache, wenn auch in scherzhaftem Ton, der Ausdruck „Advocatus Diaboli" (Anwalt des Teufels) erhalten. Im Falle von Frater Richard wurden von der Gegenseite unter mehreren Gesichtspunkten schwere Geschütze aufgefahren. Ein Punkt, bei dem sie besonders nachhakte, betraf eben das Leiden, besser gesagt, die Einstellung, die Frater Richard Pampuri zu seinem eigenen Leiden hatte. Um es kurz zu machen: Man versuchte, ihm eine selbstzerstörerische Neigung nachzuweisen. Die Argumente, anhand derer die Punkte dieser Anklage der Reihe nach entkräftet werden konnten, liefern uns heute das beeindruckendste Zeugnis von der Haltung, mit der Richard Pampuri seinem eigenen Leiden und dem seiner Mitmenschen begegnete.

Als Arzt konnte es für ihn keinen Zweifel geben, daß das menschliche Leiden in allen seinen Ausdrucksformen nach Heilung verlangt. Daß ihm das Wohl der ihm anvertrauten Menschen auch über seinen ärztlichen Tätigkeitsbereich hinaus eine ständige Sorge war, ist auf den vorhergehenden Seiten hinreichend dargelegt worden. Sollte ihm an seiner eigenen Gesundheit weniger gelegen haben? Das Gegenteil war der Fall. Anhand stichfester Unterlagen und zuverlässiger Zeugenaussagen konnte bewiesen werden, daß Richard Pampuri gewissenhaft die Verordnungen seiner Kollegen befolgte und selbst aufmerksam den Verlauf seiner Krankheit beobachtete. Doch als Arzt wußte keiner besser als er, daß seine Krankheit früher oder später zum Tod führen würde.

Papst Johannes Paul II. spricht in seinen Verlautbarungen und Schriften immer wieder von „der unumstößlichen Mauer des Leidens im Leben der Menschen". Diese Mauer wußte Richard Pampuri in seinem Leben und in dem seiner Mitmenschen anzuerkennen. Daß seine Existenz davon in so schmerzlicher Weise in Frage gestellt war, erlebte er nicht als Strafe, sondern als eine Anfrage, auf die er aus dem christlichen Glauben heraus eine Antwort, seine Antwort zu geben versuchte. Richard Pampuri suchte nicht, wie der „Advocatus Diaboli" einzuflüstern versuchte, das Leiden, sondern eine Antwort auf das Leiden. Bei dieser Suche ging es ihm nicht nur um sein eigenes Heil, sondern auch um das seiner Mitmenschen. Daraus ist sein unermüdlicher apostolischer Einsatz zu erklären. Als Leitsatz seines Lebens kann in diesem Zusammenhang ein Motto angeführt werden, das er während der Teilnahme am Eucharistischen Weltkongreß, der im Jahr 1923 in Genua stattfand, auf die Hinterseite des Einladungsschreibens geschrieben hatte: „Lieber Jesus, du hast mich als Gläubigen nach Genua gerufen. Laß mich als Apostel zurückkehren: Dich lieben und andere dich lieben lehren!" Gott den anderen näherzubringen, hing für ihn unlösbar mit seiner Glaubenseinstellung zusammen. Als Arzt, bei der Sozial- und Jugendarbeit, immer war ihm das offene und freimütige Bekenntnis seines Glaubens Aufgabe und Freude. Zugleich achtete er jedoch die Weltanschauung und Lebensweise Andersdenkender. An einen Freund, der offensichtlich eine schwere Glaubenskrise durchmachte, schrieb er: „Eine einzige Forderung stellt die katholische Kirche: Nicht aus Unkenntnis von vornherein verurteilt zu werden (Tertullian: Ne, ignorata damnetur)." Ahnte er jedoch, daß es sich dabei um ein für das Christentum lebensgefährliches Gedankengut handelte, wie z.B. im Falle des Faschismus, fürchtete er sich nicht, konsequent Stellung zu nehmen. Sein Traum war die Mission gewesen. Da ihm der Weg dazu aus gesundheitlichen Gründen versperrt war, half er den Missionen, wo immer und wie immer es ihm möglich war, aus der Ferne. Auf seinen chronischen Geldmangel angesprochen, gab er – wahrheitsgemäß – zur Antwort: „Ich lege mein Geld im Ausland an. Da bringt es doppelt soviele Zinsen."

Richard Pampuri war ein aufgeschlossener Mensch, der aufmerksam am Zeitgeschehen teilnahm. Er las täglich verschiedene Tageszeitungen, der Osservatore Romano durfte darunter nie fehlen, und schaffte sich als erster in Morimondo einen Radioapparat an. Daneben ließ er sich ständig, in französisch, italienisch und selbst deutsch, neue

Bücher über medizinische Themen schicken, die ihm zur Fortbildung dienten. Sein vorher erwähnter Neffe Alessandro, der, als er das Medizinstudium aufnahm, diese Bücher „erbte", stieß darin auf eine ganze Reihe von hochinteressanten Anmerkungen, die auf die Berufsethik des Arztes Pampuri ein bezeichnendes Licht werfen.

Damit wären wir an einem der unbestreitbar wichtigsten Schlüsselpunkte seiner Aktualität angelangt. Zur Zeit Richard Pampuris war die Medizin noch nicht mit den heiklen und komplexen Fragen konfrontiert, denen sie sich heute stellen muß. Gentechnologie, Euthanasie, Embryoforschung und Schwangerschaftsabbruch waren damals selbst in wissenschaftlichen Kreisen weitgehend noch Fremdworte oder überhaupt gänzlich unbekannt. Trotzdem zeigten sich da und dort schon die ersten Ansätze, die die Medizin in der Folgezeit zu einem der konfliktreichsten Bereiche menschlichen Handelns und Denkens lassen werden sollten.

Nehmen wir zum Beispiel den Schwangerschaftsabbruch. Die einzige Bedingung zum Schwangerschaftsabbruch, die zur Zeit Richard Pampuris von den Ärzten in Erwägung gezogen wurde, war die „medizinische Indikation". Sie kam für die damalige Ärzteschaft (heute hat sich das Bild auch hier grundlegend verändert) immer dann in Betracht, wenn eine schwangere Frau schwer erkrankte und das ungeborene Kind eine zusätzliche Gefahr für das Leben der Mutter darstellte. Ganz ohne Zweifel handelt es sich hier um eines der delikatesten Grenzgebiete der Medizin. Wie stellte sich Richard Pampuri dieser schweren Gewissensfrage? Auf dem Seitenrand des Kapitels, in dem dieses Thema abgehandelt wurde, reihte er zunächst ein Fragezeichen an das andere. Am Ende des Kapitels stand für ihn dann aber, wie aus der folgenden Anmerkung hervorgeht, eindeutig fest: „Es ist in allen Fällen besser, die natürliche Geburt abzuwarten; denn es ist moralisch untragbar, das ungeborene Kind im Interesse der Mutter zu töten, um so mehr als deren Gesundheit schon von sich aus stark gefährdet ist." Diese Einstellung vertritt er ein paar Seiten weiter noch konsequenter: „Eine direkte Tötung des Embryos kommt für die katholische Moral nie in Frage", schreibt er unter das Kapitel, in dem die Frage der Embryotomie (die Tötung des Kindes in der Gebärmutter bei unüberwindlichen Geburtshindernissen) aufgeworfen wird.

Eine Tötung des werdenden Lebens ließ sich für Richard Pampuri in keinem Fall mit seinem ärztlichen und christlichen Gewissen vereinbaren. Vielleicht ahnte er schon, wohin eine solche Entwicklung früher oder später, wie diese de facto eingetreten ist, geführt hätte, nämlich zum Arzt als Richter über Leben und Tod, zum Arzt als „blinden" Vollstrecker politischer Entscheidungen und gesellschaftlicher Diktate. Der anerkannte Moraltheologe Elio Sgreccia hat diese Entwicklung einmal wie folgt zusammengefaßt: „Das Leben des ungeborenen Kindes ist mit der Einführung der medizinischen Indikation fortschreitend relativiert worden. Auf die medizinische Indikation folgte die psychologische, darauf die soziale, die ökonomische und schließlich die eugenische ... eine Kettenreaktion, die zum Umsturz aller geltenden ethischen Wertvorstellungen geführt hat." Der Schwangerschaftsabbruch wird heute weitgehend als eine Frage des gesellschaftlichen Gewissens betrachtet, was sie sicher auch ist. Doch wird davon nicht in erster Linie das ärztliche Selbstverständnis in seinen Grundfesten erschüttert? Ist es nicht gerade Aufgabe der

Ärzte, die Gewissensbildung der Gesellschaft in solchen Fragen zu leiten? Richard Pampuri wußte um diese Aufgabe. Das zeigt auch das folgende Beispiel. In dem wissenschaftlichen Traktat „Medizin und Therapie" der Professoren Brouardel und Gilbert, das sich Richard Pampuri angeschafft hatte, werden im Nachhang in einem eigenen Kapitel die Geschlechtskrankheiten und deren Verhütung behandelt. Neben dem Titel „Prophylaxe" schrieb Richard Pampuri: „Das beste und wirksamste Mittel in diesem Zusammenhang ist die sittliche Ordnung", und weiter unten: „Die sittliche Durchdringung der Gesellschaft durch die Religion ist zweifelsohne das wirksamste und erfolgreichste Mittel zur Verhütung von Geschlechtskrankheiten." Aus dem Munde eines Arztes klingen solche Worte etwas ungewohnt. Aber für Richard Pampuri ist die Stellung des Arztes in der Gesellschaft, wie wir bereits weiter oben gesehen haben, nicht nur wissenschaftlicher, sondern vor allem auch ethischer Natur. Zur Zeit seines Wirkens in Morimondo wurde er manchmal, sicher auch mit einer Spur Spott, „der Priester" genannt. Der Beruf des Priesters und des Arztes war, wie wir wissen, bei vielen alten Völkern in einer Person vereint. Diese Tatsache sollte uns zu denken geben.

Die Aufgabe des Arztes in der menschlichen Gesellschaft steht in einem besonders engen Verhältnis zu Gott, betrifft seine Tätigkeit doch unmittelbar das höchste Gut des Menschen, sein Leben. Während bei den Alten dieses Bewußtsein fest verankert war, hat sich heute vielfach die Auffassung verbreitet, daß Glaube und Wissenschaft (der Medizin in diesem Fall) streng voneinander abgegrenzt gesehen werden müssen. Dabei beruft man sich in besonderer Weise auf die sogenannte „Neutralität der Wissenschaft". Dagegen haben sich in der Vergangenheit wie auch in jüngerer Zeit wiederholt namhafte Stimmen aus der Welt der Wissenschaft selbst erhoben. Das letzte Beispiel in dieser Hinsicht stellt das interessante Werk von Gregory Bateson „Wo die Engel zögern" dar, wo die menschlichen Erfahrungswerte in ihrer Gesamtheit erneut dem Begriff des „Sakralen" zugeordnet werden.

Auch für Richard Pampuri standen Glaube und Wissenschaft nicht im Gegensatz zueinander, sondern ergänzten und durchdrangen einander, wie der folgende Briefauszug zeigt: „Wir können uns natürlich in völliger Selbsttäuschung der Vorstellung hingeben, daß die Wissenschaft und ihre Errungenschaften uns von Gott entfernen. Am Tag des Gerichts werden aber viele wahre und große Wissenschaftler, wie Newton, Volta und Pasteur vor Gott erscheinen. Eine für unsere Begriffe kleine Zahl, weil wir von den meisten nichts wissen, und dazu gehören nicht wenige große Anatomen und Ärzte. Sie, deren Herz und Geist rein geblieben ist und nicht von Überheblichkeit und Eitelkeit getrübt wurde, fanden keinen Gegensatz zwischen Wissenschaft und Glauben. Im Gegenteil, je tiefer sie in die Geheimnisse der Natur eindrangen, um so mehr fanden sie die Wahrheit des Glaubens bekräftigt. Durch die wunderbare Harmonie der Naturgesetze angeregt, wußten sie, die unendliche Weisheit des Schöpfers zu preisen und zu lieben."

Das unerschütterliche Festhalten an den Glaubenswahrheiten und die ständige Hinordnung auf Gott prägten den ärztlichen Dienst von Richard Pampuri auch in allen anderen Bereichen. Obwohl er, wie wir gesehen haben, unablässig um seine Fortbildung bemüht war, kam er nie in Versuchung, sich in eine „wissenschaftliche Hochburg" zurückzuziehen. Der konkrete Mensch mit seinen Sorgen und Ängsten blieb ihm seine vordringlichste Aufgabe. Nie durfte der Mensch in seinen Augen zu einem bloßen Gegenstand der Wissenschaft herabgesetzt werden. Das mag Richard Pampuri wohl im Sinn gehabt haben, als er seinem Novizenmeister P. Monculli, der ihm die Größe des Arztberufes vor Augen hielt, antwortete: „Sie haben sicher Recht, hochwürdiger Pater. Aber glauben Sie mir, die Frage ist eine andere. Denn was letztendlich zählt, ist die richtige, geistige und innerliche Einstellung, ohne die alle Diplome dieser Welt keinen Wert haben, ja, im äußersten Fall sogar mehr schaden als nützen können."

Er wußte, wie stark der Arzt gewissen Versuchungen ausgesetzt war und nannte sie unverhüllt: die Überheblichkeit und die Eitelkeit. Er wußte, wie kurz der Weg von der Medizin als Dienst am Menschen, zur Medizin als Herrschaft über den Menschen, sein konnte. Die ärztliche Tätigkeit mußte für ihn deswegen stets nach der ursprünglichen Bedeutung des altgriechischen Wortes „Therapie", d.h. Dienst, aufgefaßt werden. Wir alle wissen, welch ungeheure Verantwortung mit dem Arztberuf verbunden ist. Die kleinste Unaufmerksamkeit kann fatal sein. Der Arzt verdient deswegen unsere höchste Anerkennung und Verehrung, die unter jedem Gesichtspunkt zum Ausdruck kommen muß. Die Verantwortung des Arztes ist heute ins Unermeßliche gestiegen, wenn wir bedenken, daß in bestimmter Hinsicht letztendlich nur er seine eigene Grenze sein kann. Vom Zweiten Vatikanischen Konzil ist in diesem Zusammenhang wiederholt vor der „einsamen Selbstherrlichkeit" des modernen Menschen gewarnt worden. Der in

„Gaudium et spes" unter dem Titel gestellte Absatz „Die Verantwortung und die Beteiligung" scheint Richard Pampuri wie aus dem Herzen gesprochen zu sein: „Damit die einzelnen Menschen ihre Gewissenspflicht sowohl gegenüber sich selbst als auch gegenüber den verschiedenen Gruppen, deren Glieder sie sind, genauer erfüllen, muß man darauf bedacht sein, sie mit den heute der Menschheit zur Verfügung stehenden reichen Hilfen zu einer umfassenden Kultur des inneren Menschen zu erziehen."

Um den inneren Menschen war es Richard Pampuri unablässig zu tun gewesen. Er war überzeugt, daß nicht nur die körperlichen Verletzungen des Menschen der Heilung bedurften, sondern auch und vor allem die vielen unsichtbaren Verletzungen seiner Würde. Das Geheimnis des Lebens und seine unantastbare Würde zeigten sich ihm in besonderer Weise in all den Fällen, wo sich das Leben des Menschen in seinen schutzlosesten Formen darstellt. Den Kranken, den Alten, den Armen ihre Würde spüren zu lassen, war für ihn deswegen unlösbar mit seinem ärztlichen Auftrag verbunden.

„Häufig wusch er selbst die alten Menschen, die er behandelte", berichtete sein Neffe Alessandro, der ihn bei seinen Hausbesuchen begleiten durfte. Ein Dorfbewohner aus Morimondo erinnerte sich: „Eine besondere Vorliebe schien der Doktor für die Lumpensammler zu haben. Immer wenn er einem von diesen begegnete, verwickelte er sie in längere Gespräche. Dabei strahlten seine Augen förmlich vor Freude..."

Sicher werden einige unter den Lesern jetzt, wie der Onkel des Heiligen, denken, daß Richard Pampuri auch im bürgerlichen Leben viel Gutes tun hätte können. Was bewog ihn, ins Ordensleben einzutreten? Sollte dabei, wie der „Advocatus Diaboli" einzugeben versuchte, eine bestimmte Weltflucht eine Rolle gespielt haben? Nichts von alledem. Daß die Berufung von Richard Pampuri allmählich und konsequent herangereift ist, konnten wir bereits auf den vorhergehenden Seiten in aller Deutlichkeit feststellen.

Welch hohe Auffassung er von der Frau, der Ehe und der Familie hatte, zeigt der folgende Briefauszug: „Ich kann mich dem Aufruf der Bischöfe, die mit immer eindringlicherer Stimme vor der Zerstörung des Heiligtums, das wir Familie nennen, warnen, nur anschließen ... Mit welch beängstigender Leichtfertigkeit wird heute doch unter den jungen Menschen die Ehe gesehen. Die christliche Ehe ist ein Segen Gottes, spiegelt sich in ihr doch der mystische Bund Jesu und seiner Kirche wider. Sie gibt Frieden und Glück auch in den schwersten Prüfungen ... Viele meinen heute, in der Frau ein Hindernis für ihre Tugendhaftigkeit und moralische Vervollkommnung zu sehen, merken aber nicht, daß nicht die Frau, sondern ihre religiöse Indifferenz das wahre Hindernis ist."

Richard Pampuri wählte Gott. Ihm wollte er ungeteilt gehören. Dieses ganz In-, Mit- und Für-Gott-Sein findet erst in der Gemeinschaft mit anderen seinen höchsten Ausdruck. Darauf hat er sein ganzes Leben lang hingearbeitet. Im Orden der Barmherzigen Brüder fand sein unruhiges Herz, wie sein Freund und Begleiter P. Paolo Sevesi O.F.M. es ausdrückte, seinen Frieden, seine Bestimmung und seine Verwirklichung.

Heilige sind lebendige Zeichen des Widerspruchs. Richard Pampuri ist ein solches Zeichen.

Widersprüche sind unbequem. In unserem Leben ecken wir immer wieder an solchen Widersprüchen an. Es liegt an uns, ob wir sie mit einem Kopfschütteln abtun oder Anstoß und Anregung für unser Leben sein lassen wollen.

Wer auf die Fürbitte des heiligen Richard Pampuri Gebetserhörungen und Gnadenerweise erhält, wird gebeten, davon Mitteilung zu machen an:

        Padre Postulatore Generale
        Fatebenefratelli
        Isola Tiberina 39
        I-00186 ROM

1929 – Eine schwere Lungenentzündung zwingt den Arzt und Ordensmann seine Tätigkeit stark einzuschränken

1930 – Verschlechterung des Gesundheitszustandes; am 1. Mai stirbt Frater Richard Pampuri im Alter von nur 33 Jahren

1949 – Einleitung des kirchlichen Verfahrens zur Heiligsprechung

1951 – Übertragung der sterblichen Hülle von Frater Richard in die Pfarrkirche von Trivolzio

1981 – 4. Oktober: Seligsprechung

1989 – 1. November: Heiligsprechung

Zeittafel

1897 – Erminio Filippo Pampuri wird am 2. August in Trivolzio geboren; zehntes von elf Kindern des Weinhändlers Innocente Pampuri und dessen Ehefrau Angela, geb. Campari

1900 – Am 25. März stirbt die Mutter an Tuberkulose; das Kind wird ihren unverheirateten Geschwistern Carlo und Maria Campari in Torrino anvertraut

1909 – Besuch des Gymnasiums und Lyzeums in Pavia

1915 – Medizinstudium an der Universität von Pavia

1917 – Einsatz an der Front in der 86. Sanitätsabteilung der italienischen Streitkräfte; schwere Erkrankung

1921 – Promotion zum Dr. med. mit Auszeichnung; Beginn der ärztlichen Tätigkeit als Landarzt in Morimondo

1923 – Bekanntschaft mit P. Riccardo Beretta, der zu seinem Seelenführer und Wegbereiter wird

1927 – Eintritt in den Orden der Barmherzigen Brüder; 22. Juni: Einkleidung als Postulant; 21. Oktober: Einkleidung als Novize mit dem Ordensnamen Frater Richard

1928 – 24. Oktober: Ablegung der einfachen Gelübde; Übernahme der zahnärztlichen Ambulanz des „St. Ursula"-Krankenhauses der Barmherzigen Brüder in Brescia